自治体×民間のコラボで解決！

＼ 公務員の ／

はじめての官民連携

長井伸晃 著

JN032862

はじめに

「興味はあるけど、何から手をつけたらよいかわからない」
「○○社と連携できないか？と言われても……」
「話がうまくまとまらずに流れてしまった」
「そもそも予算がない中でできることってあるの？」

　地域課題の解決や公共サービスの向上・創出につなげる1つの手法として、官民連携が一般的になりつつあります。一方で、実際に取り組もうとしたとき、このような悩みや疑問を抱いた経験はありませんか？

　官民連携について研修やセミナーで学ぼうとしても、事例紹介を中心とする内容が多く、具体的な企画立案から施策化までの実務を体系的に学ぶことができるものはほとんど行われていません。

　そのため、手探りでチャレンジしてみるものの、うまくスタートを切れない。あるいは、関係者の話し合いがストップしていつの間にかフェードアウト。さらには、連携協定締結には至ったけど、具体的なアクション・アウトプットにつながらない——。

　いずれも「官民連携あるある」ではないでしょうか。

　私も「官民連携あるある」に陥りそうになることが幾度となくありました。私のキャリアを振り返ると、新卒で神戸市に入庁し、生活保護のケースワーカーを2年、人事給与の制度担当を6年経験し、係長昇任とともに当時の新規ポストに配属されました。そのポストのミッションは、ICTを活用した官民連携による課題解決。正直何をするのかまったくイメージが湧きませんでした。

　しかし、手探りながらも様々なことにチャレンジしていくうちに、小さな成功・失敗の積み重ねとともにノウハウも少しずつ蓄積されていきました。官民連携に取り組み始めて約7年。そのノウハウを磨き上げながら実践するうちに、気づけばともに連携事業を立ち上げた民間企業は17社を数えるまでになりました。

　本書では、感覚的にやってきたことも含めて、そのノウハウのエッセンスをわかりやすく皆さんにお伝えするため、できるかぎり言語化・体

系化しました。本書の具体的な特長は以下の３点です。

特長❶　現役公務員が官民連携の実務を解説

　自らの体験・実践をもとに、まず何から始め、日頃はどのようなことを心がけ、行動してきたのかを振り返り、取り組んできた事例の背景を紐解きながら詳解しています。このように公務員の目線から、官民連携の実務を解説した書籍は他にないと思います。

特長❷　官民連携を前例・予算の有無で類型化

　「官民連携」と一口に言っても様々なパターンが存在します。まずはどのようなパターンから取り組んでいくのがよいのか。前例・予算の有無による類型化のもと、その類型ごとのアプローチを解説しています。

特長❸　各ステップでのポイントを体系的にカバー

　行政課題（ニーズ）や民間サービス（シーズ）の発見・分析、企画立案から関係者調整、施策化にあたっての情報発信まで、官民連携に関する一連の実務を細かくステップに分け、押さえておきたいポイントを体系的にカバーしています。

　初めて官民連携に取り組む担当者の方をはじめ、新規事業や様々な関係者との調整が必要な仕事をされている方々にとって、身につけていると役立つノウハウをまとめたつもりです。

　本書が、少しでも皆さんの業務の一助になれば幸いです。

2022年６月

長井　伸晃

目次

第 1 章

官民連携をはじめよう

- ●「行政課題」×「民間サービス」のマッチング
- ● 行政だけでは解決できない課題を民間と共に解決する
- ● 組織内外の力を借りる
- ● 官民一体のチームづくり

- ● 官民連携を目的にして、課題を見失うリスク
- ● 官民連携に必要な「通訳者」としての役割
- ● どの部署でも取り組めるし、取り組む意義がある

- ● 日常業務は持たない遊撃部隊・神戸市つなぐ課
- ● 市民目線・地域目線で課題を見つける
- ● 関係部署・市民・地域団体等を"つなぐ"

"つなぐ"官民連携事例

官民連携を行う際に、まずすべきこと

第 6 章

STEP3　関係者を調整する

第 7 章

STEP4
ストーリーをつくり、メディアを通じて届ける

- 進捗管理と効果検証
- エゴサーチをもとに検証・改善する

第 **1** 章

官民連携を
はじめよう

本章では、官民連携とはそもそもどんなものなのか、
また、官民連携のキーワードである
"つなぐ"ということについて解説します。
官民連携は、直接担当する部署ではなくても、
事業に携わる部署であれば、取り組める可能性に満ちています。

官民連携とは何か

▌「行政課題」×「民間サービス」のマッチング

　昨今、限られた人員・財源の中で、多様化・複雑化する行政課題や市民ニーズに対応していくため、民間活力の積極的な導入による官民連携の取組みが各地で行われています。

　官民連携とは、**行政と民間事業者が協働して課題解決や公共サービスの提供などを行うこと**をいいます。分野を問わず様々な行政分野に、民間事業者が持つアイデアや技術、ノウハウを取り入れることで、市民サービスの向上や事業効率のアップ、経済活性化、新たなビジネスの創出につなげることが目的です。

　その手法は、契約を結ぶものや協定を締結するものなど多種多様です。これまで官民連携というと、公共施設等の建設・維持管理・運営などを民間事業者の資金・技術・経営ノウハウを活用して行う PFI（Private Finance Initiative）といった手法を用いるイメージが強かったかもしれませんが、中でも財政負担が少なく、どの分野でもスピード感を持って取り組みやすいものが、行政と民間事業者との連携協定に基づいた事業の協働実施です。

　本書では、官民連携をこの**「連携協定に基づいた事業の協働実施」**と定義したうえで、取り組む際の手順やポイントについて、具体的に解説します。

　官民連携を進めるにあたって、常に意識すべきことは、**取り組むべき行政課題（ニーズ）と、その課題を解決するために活用する民間サービス（シーズ）のマッチングをいかに機能するものにできるか**です。

　まず解決すべき行政課題を設定し、それに対応する最適な民間サービ

スを導入するというのが基本的なアプローチです。あるいは、民間事業者が持つ特別な技術やノウハウ・仕組みを魅力的なシーズと捉え、行政が抱える課題の中から解決につながりそうなものを抽出してマッチングさせるというアプローチもあります。その結果、ときには従来どこにもなかった新たな課題解決パッケージが生み出されることがあります。

このように、「行政課題(ニーズ)」×「民間サービス(シーズ)」のマッチングにより、課題解決や新たな市民サービスの創出という価値を生み出すことができる点が、官民連携の最大の醍醐味です。

▌行政だけでは解決できない課題を民間と共に解決する

では、どのようにして機能するマッチングを生み出していくのか。

手元にある限られた行政課題(ニーズ)と民間サービス(シーズ)を闇雲にマッチングしようとしても、前に進むことはできません。

豊富な情報(ファクト)とその情報に基づいた想像力を働かせ、行政だけでは解決できない課題に対し、民間サービスの活用が解決に向けて機能する**「スキーム」を描く**という作業がその足掛かりとなります。スキームとは、目標達成に向けた具体的な方法や枠組みのことをいいます。

まずは、すべての基礎となる情報(ファクト)の収集です。分野やニーズ・シーズを問わず、好奇心を持ってインプットして、自分の「引き出し」を増やしていくことが大切です。何がどこで、どのようにつながるかわかりません。SNSやセミナー、知人との意見交換などを通じてできる限りインプットの量を増やすことで、アイデアの種が生まれてきます。

▌組織内外の力を借りる

一方で、自分1人だけで考えたり、形にしようとしてもうまくはいきません。どれだけ情報収集したとしても、1人が持っている情報はたかが知れていますし、想像力も限られています。そして何より憶測だけでは何も進みません。

庁内の各部署にいる、それぞれの分野に精通した職員の情報と想像力

も借りながら形にしていけばよいのです。私は、かなり粗いアイデア段階から、自分なりに集めた情報と想像力をもとにまとめた簡易な企画書（ワード１枚あるいはパワーポイント３〜５枚程度）を持っていき、庁内の関係部署に意見交換をお願いしています。

そうすると、「似たようなことをすでにやっているよ」とか「そんなことは求められていない」という意見や、「こんなことに困っているので、こういうことをやってくれるならありがたい」「こういう動きがあるから連携するといいのでは」といったアドバイスや提案をしてもらえることがよくあります。

自分が考えた企画書が否定されようと、一切気にはしません。求められてもいない独りよがりな企画は、まず実現しないし、実現したとしても解決に至るまでの機能は期待できません。この段階での企画書は、**あくまで関係課のニーズやその職員が持つ情報と想像力を引き出すための「呼び水」**なのです。

その中で「こんなことに困っているので、こういうことをやってくれるならありがたい」といった逆提案が出てきた場合、まさにそれが行政だけでは解決できない課題の可能性があります。「こういうこと」の部分は、「連携パートナーとして想定している民間事業者の力を借りれば、解決できるかもしれない」という、関係課の職員の想像力から出てきたものです。決して自分１人では生み出せない、とても貴重なアイデアとして聞き逃さないようにしましょう。

▎官民一体のチームづくり

そのうえで、自分が考えた企画内容と逆提案された内容を組み合わせて、民間事業者へ提案・相談し、民間事業者側にどこまでのことができて、どこまでのことができないかを検討してもらいます。

ここで重要なことは、それを実現させたいという情熱とワクワク感を伝え、**民間事業者としてもそれ相応の予算や人員などのリソースを割いてでも投資・協働したいと心を動かすことができるか**です。

例えば、「庁内ではこれだけの情報収集や調整をして、関係者を巻き

込んでいる」ということを伝えたり、「もし実現できたらこんなインパクトや効果が期待できますよね」とワクワク感を共有したりします。その度合いが、民間事業者内部での検討結果に大きな影響を与えることがあるのです。

　一方で、難しいことは難しいとはっきり言い合える関係づくりも心がける必要があります。相手方に対し、「これはできない」と伝えることは誰でも気がひけるものですが、本当はできないにもかかわらず、中途半端に相手を期待させるような伝え方をしてしまうと、後々のトラブルにつながり、信頼関係に悪影響を及ぼしかねません。

　このように、官民連携を進めるうえでは、組織を超えて共通の課題に対して取り組む官民一体の「チーム」として、腹を割った話し合いができる信頼関係と関係者間の共通認識を常に維持することが大切です。

官民連携はあくまで
手段の1つと考える

▎ 官民連携を目的にして、課題を見失うリスク

　前項で述べたとおり、官民連携は、「行政だけでは解決できない課題を、民間のアイデアや技術、ノウハウを活用して取り組むもの」です。

　しかし、官民連携は万能の特効薬ではなく、それだけで大きな課題が解決できるわけではないという点を理解しておく必要があります。

　一方で、行政内部だけで課題を解決する難しさやスピード感の限界を感じることもあります。このような場面で、課題あるいはその一部の解決手法として官民連携が機能することがあります。

　つまり、官民連携はあくまで手段にすぎません。その先に意識すべきものは、課題解決や新たな市民サービスの創出といった市民ニーズに応えることであり、**手段自体を目的化しないように気をつける必要があります**。

　「有名企業と連携した」という実績づくりのためだけに協定を締結するようなことはおすすめできません。同様に、「自治体と連携した」という実績づくりのためだけに近づいてくる民間事業者がいるかもしれません。気をつけたいところです。

　このように、官民連携することを目的化してしまうと、往々にしてターゲットとなる課題や市民ニーズをしっかり捉えない、あるいは深堀りしないまま協議を進めることになり、何のための取組みなのかわからないものになってしまいます。

　仮に協定の締結まで至ったとしても、市民ニーズに合致しないものになったり、締結した時点でどちらかが満足してしまい、取組みのスピードやトーンが落ちてしまったりすることが容易に想像できます。

　そうした事態を防ぐためには、**包括連携協定よりも事業連携協定がおすすめ**です。

　包括連携協定とは、福祉・環境・防災・まちづくりなど幅広い事業分野における民間事業者との連携を長期継続して進めるための協定です。これに対し、事業連携協定とは、特定の事業分野において民間事業者との連携を長期継続して進めるための協定です。

　包括連携協定は、事業の分野が幅広いだけに取り組む内容がぼんやりとしてしまいがちです。一方、事業連携協定は、個別具体的な事業を両者で取り組むことになるため、自ずと行政課題（ニーズ）と民間サービス（シーズ）をどのように組み合わせた事業にしていくかという議論になり、それらを見失うリスクを抑えることができます。

　もちろん包括連携協定を一概に否定するわけではなく、具体的な事業が想定できる場合はそれを軸に議論しつつ、複数の事業連携協定をまとめていくイメージで協議を進めていくのがよいでしょう。

▌官民連携に必要な「通訳者」としての役割

　近年、比較的大規模な自治体を中心に、官民連携を担当する部署を設置する例が増えていますが、その部署の担当者は、ある課題を抱えている部署とカウンターパート（連携相手である民間企業等の担当者）との間に入る**「通訳者」としての役割**を担います。私もまさにその立場で官民連携に関わってきました。

　なぜ「通訳者」が必要かといえば、行政と民間（特に外資系企業や新興企業、いわゆるスタートアップ）の間には、普段使っている用語や物事の考え方や進め方、組織風土や文化など様々な点でギャップがあるからです。

　わかりやすい例を挙げると、私も初めてIT企業と連携事業を行ったとき、出てくる言葉が横文字ばかりで議論についていくのにとても苦労したのを今でも鮮明に覚えています。また、スピード感や両者が重視するポイントなどについても、認識合わせと議論を怠るとなかなか足並みが揃わず、どちらかのモチベーションが下がって話が流れてしまうこと

もあります。

　それらのギャップを埋めるのが、「通訳者」としての役割です。

　優秀な言語通訳者は、言葉を単純に翻訳するだけでなく、話す人の表情やその言葉の行間にある微妙なニュアンスも汲み取ったうえで相手に伝えてくれるといいます。官民連携においても、知識面でのフォローにとどまらず、**両者の協議における認識合わせや進捗管理を中心としたコーディネートまで行ってこそ、優秀な「通訳者」**だといえるでしょう。

┃ どの部署でも取り組めるし、取り組む意義がある

　このような通訳者がいなくても、ポイントを押さえれば、課題を抱えている部署の担当者自らがそのギャップを埋めながら、官民連携に取り組むことも可能です。

　官民連携はやりがいのある仕事です。民間の感覚・考え方に触れることができたり、改めて行政の強み（多様な人材や市民からの信頼感、地域社会に関する情報やネットワーク等の豊富さなど）を再認識・実感できたりすることも多々あります。

　また、官民連携はいわゆる**「ゼロイチ」（まだ世の中にない、新しいモノやサービス・価値を生み出すこと）**と呼ばれる新規事業であるため、目に見えて成果を実感することができます。もちろん、新規事業ゆえの難しさもありますが、成功体験やフィードバックを得やすいといった点でもやりがいがあります。

　官民連携を直接担当する部署でなくとも、事業に携わる部署であれば、可能性はたくさんあります。「官民連携は私の仕事ではない」と思わず、ぜひチャレンジしてみることをおすすめします。

SECTION 03

"つなぐ"官民連携とは

▌ 日常業務は持たない遊撃部隊・神戸市つなぐ課

　2019年4月、神戸市では、社会課題に対して組織一体となって対応することができるよう「縦割り行政」を打破することを目的とした「つなぐ課(2020年：つなぐラボ、2021年：政策調査課)」が創設されました。

　つなぐ課に求められたものは、市民目線・地域目線という観点を常に意識しながら、課題を発見し、関係する部署や市民、地域団体などをつないで、課題解決に導いていく**「課題解決型アプローチ」**です。

　創設当初、久元喜造市長からは、「とにかく新聞記者のような丹念な取材を通じ、地域で起こっているファクトをつかんできてほしい。それを踏まえた提案をどんどんしてほしい」という話がありました。

　そこから、日常的な業務は持たない、いわゆる遊撃部隊10名の"つなぐ"活動が始まりました。10名の職種は一般行政・土木・造園・農業・衛生監視・消防と多岐にわたり、役職も課長・係長が混在していますが、全員がフラットな立場で活動する特殊なチームです。それぞれの個性や得意分野が活かされるように、課題ごとに様々な組み合わせでチームビルディングされ、パラレルにプロジェクトが進行していきました。

　日常業務を持たないという点がやはり特徴的であり、課題が浮上してきたまさにそのタイミングから、機動的かつ集中的に取り組むことができる環境が整備されていました。その環境が物事に対してしっかり向き合うことができる時間や心理的余裕を生み出しました。さらに、課題の本質までにたどり着くだけの取材活動の量が確保され、それに基づくアイデアや政策提案を生むことにつながったのではないかと思います。

市民目線・地域目線で課題を見つける

　取材活動を通じて感じたことは、やはり行政の立場で認識できていない課題やニーズが地域にはあるということです。

　「〜だろう」といった、行政あるいは自分目線での「普通」や「当たり前」をとにかく疑いながら、**生の声からファクト（事実）を押さえることが市民目線・地域目線で課題を見つける第一歩**になります。

　一方で、仮説を立てることも大切です。取材をする際も漠然と話を聞くのではなく、仮説を立てたうえで、それを確かめるための質問や聞き取りをする準備が必要です。その仮説を裏付けてくれるファクトもあれば、良くも悪くも裏切られるファクトもあります。

　そのファクトに気づかないままプロジェクトを進めていくと、課題やニーズに合わない独りよがりのものになってしまいます。そういう意味でも、しっかり足を使ってファクトを押さえることが重要であると痛感しています。

　そのため、住宅やお店などに取材をすることもあります。とはいえ、いきなり飛び込みで伺うのはハードルが高く、闇雲に動いていては非効率です。ここで、地域コミュニティにおけるネットワークがあるととても助かります。

　この分野だと、あの人に話を聞けば勘どころを教えてくれる。場合によっては遠慮せず問題点を指摘してくれる。そのような**市民・地域とのつながりを日頃からいかに構築できているか**によって、いざというときのスピード感が違います。さらに、取組みが課題の本質を突いたものになるか、大きな差を生むことがあります。

関係部署・市民・地域団体等を"つなぐ"

　すでに述べたとおり、限られた人員・財源の中で、多様化・複雑化する行政課題や市民ニーズに対応していくためには、行政だけでなく民間・市民など関係する様々なステークホルダー（利害関係者）の協力を得ながら、その解決に向けて同じベクトルで進んでいかなければなりません。

　そして、そのステークホルダーを単につなぐだけではもちろん解決はせず、その方々がいかに当事者意識を持って共に進んでくれるのかが重要になってきます。そのためには、やはり**1人ひとりとの対話による「納得」が求められます**。「説得」ではなく「納得」です。

　そこでカギになってくるのが、ステークホルダーの方々が納得するストーリーを組み立てる「脚本力」です。

　脚本力とは、15ページで述べた「スキーム」を構成する力です。私はよく「ストーリー」と呼んでいますが、課題や背景を踏まえ、**官民でどのような役割分担で取り組み、その結果誰にどのような効果を届けることが期待できるのか**ということを構成するのです。

　私はストーリーづくりをする際、①どのような課題・背景から、②どのような方々に対して、③どのような施策を実施するのか、そしてそれによって④どのような効果がもたらされるのか、という4点を意識して構成しています。

　この構成によって、庁内だけでなく市民、メディアからの反応が大きく異なってくるため、非常に重要な官民連携の要素といえます。

　次章では、実際に私が企画立案・調整に携ってきた官民連携の主な事例について、この4点を踏まえながら紹介します。なお、事例の内容は2021年度時点のものです。

第 **2** 章

"つなぐ"
官民連携事例

本章では、実際に著者が企画立案・調整に携わってきた
官民連携の主な事例を紹介します。
事例ごとに予算の有無、前例の有無はそれぞれ異なります。
テーマも多様ですが、課題・背景、実施内容、効果について、
それぞれお伝えします。

前例あり・予算なし

フードシェアリングサービス 「TABETE」を活用した 食品ロス削減

▍課題・背景 ── 小規模小売店における食品ロス削減

　昨今、食品ロスが社会問題として注目されています。神戸市内においても、推計で年間約4万トン(事業系約3万トン、家庭系約1万トン)もの食品ロスが発生していました。

　それに対し、神戸市は、市民・事業者・行政が一体となり食品ロスの削減を推進する食品ロス削減協力店制度「goodbye food loss, KOBE」を展開。登録店には、来店者に食品ロス削減の取組みを広くPRしてもらうとともに、日々の買い物で商品棚の手前にある商品を積極的に選ぶ「てまえどり」の普及啓発にも取り組んできました。

　こうした取組みは、スーパーやコンビニなど、比較的大きな小売店を中心に取組みが広がりつつある一方で、小規模な小売店では浸透しておらず、まだまだこれからという課題がありました。

▍実施内容 ── 既存施策との相乗効果で食品ロス削減を推進

　上記の課題を受け、小規模な小売店をはじめとする市内事業者及び市民を対象に据えて実施したのが、正式名称「神戸市・株式会社コークッキング・市内パン事業者有志による食品ロス削減・持続可能なフードシェアリングに関する連携事業」です。

　株式会社コークッキングが運営する「TABETE」は、まだおいしく食べられるのに「捨てざるを得ない危機」にある飲食店の食事を、ユーザーが「1品」から「美味しく」「お得」に購入することによって「レスキュー」できる仕組み(プラットフォーム)です。

図表1　TABETEのフードシェアの仕組み

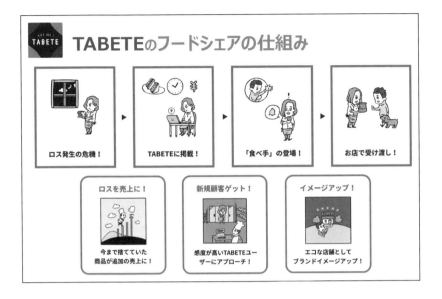

　飲食店では、予約のキャンセルや天候の影響などにより、廃棄しなければならない商品が生じることがあります。そこで、その日の状況に合わせて廃棄の対象になりそうな商品を値下げして出品。これに対し、消費者はスマホアプリから出品された商品を選び、クレジットカードで決済した後、指定した引取予定時間に店頭に向かい商品を受け取ります。

　このTABETEと神戸市が行ってきた**既存施策を組み合わせることで、より食品ロス削減を推進する**ねらいで行ったのが、この事例です。

　具体的には、まず「goodbye food loss,KOBE」と「TABETE」間の相互PRを通じた認知度の向上から、参加する店舗・利用者の拡大を図ります。また、事例紹介など、SDGsをテーマとする市民・事業者対象セミナーを共同で開催。さらに、市民のエコアクションを促進する神戸市オリジナルのスマホアプリ「イイことぐるぐる」（※）と連携を行いました（ポイント対象メニューにTABETEの利用を追加）。

　※「イイことぐるぐる」……市内コーヒー店でのマイボトル利用や宅配便
　　ロッカー利用など、環境にやさしい様々な行動（エコアクション）を実践

し、報告することでポイントがたまるスマホアプリ。

　また、食品ロスへの関心が高かった市内パン事業者有志がアンバサダーに就任。アンバサダーはTABETEを利用し、「持続的な食品ロスの削減の取組みとノウハウ」を他の食品関係事業者に広げる役割を担います。

▌ 効果 ── 月間約300セットを完売、スタッフの罪悪感も軽減

　有効店舗数・利用者数・マッチング率のいずれの数値においても、神戸市より以前に展開していた他市と比較して順調に推移。実際に活用した事業者の声としては、TABETEを通じて月間約300セットを販売した店舗からは、「フードロス削減に寄与できただけでなく、廃棄による店のスタッフの罪悪感・ストレスの軽減にもつながった」といううれしい言葉をもらいました。

　また、2020年10月には、公開オンラインセミナー「Think for KOBE Sustainability ～持続可能なまち神戸の実現～」を神戸市青年会議所主催、神戸市後援のもと開催したところ、約400名が視聴。神戸市、株式会社コークッキング、株式会社ケルン（アンバサダー）が取組みの効果や可能性を議論し、市民・事業者への啓発を行うことができました。

SECTION 02

傘のシェアリングサービス「アイカサ」を活用したまちづくり実証事業

▎ 課題・背景 ── ビニール傘の大量消費・廃棄問題

　地球温暖化を食い止めることが喫緊の課題となる中、神戸市では「二酸化炭素の排出の少ないくらしと社会」の実現を目指して様々な取組みを進めてきました。

　その中で、看過できない課題の1つが、ビニール傘の大量消費による二酸化炭素の排出です。また、台風が過ぎ去った後などには、壊れたビニール傘が路上等にポイ捨てされ、まちの美化・景観に悪影響を及ぼしていました。一方で、普段にぎわっているスポットでさえも雨の日は人通りが少なくなり、寂しい雰囲気を感じることがありました。

▎ 実施内容 ── まちの利便性向上・地域課題の解決等に寄与

　このビニール傘問題に対して、神戸市が取り組んだのが、「アイカサ」との連携によるまちづくり実証事業です。

　アイカサは、いわば傘のシェアリングサービスです。突発的な雨にもビニール傘を購入せずに、スマホアプリでアイカサを借りて利用し、雨が止んだ際には最寄りの傘スポットに返却することができます。

　神戸市では、阪神電気鉄道株式会社、アイカサを運営する株式会社Nature Innovation Groupとの3者で「シェアリングエコノミーを活用したまちづくり実証事業に関する三者連携協定」を締結。市内各所・阪神電鉄の駅構内など約80か所のスポットに2,000本を設置しました。利用料金は、24時間あたり1本70円(同月内最大420円)です。

　傘のデザインは、神戸のイメージカラーを組み合わせて作られた「神

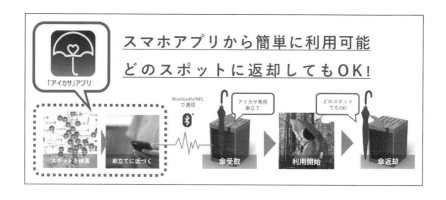

「神戸タータン」を用いたオリジナルデザインの傘

戸タータン」を取り入れたオリジナルデザインとしました（神戸らしいものにしたいと神戸市から提案）。

　このアイカサの活用により、下記のような幅広い目的のもと、サービスの運用と効果の検証を行っています。

①まちの利便性・快適性向上による地域経済・沿線活性化

　雨天時でもまちの移動を快適にすることで、まちのにぎわいにつなげ

る実証実験を行いました。また、異常高温対策の一環として、晴雨兼用傘の展開も行いました。

②実証事業で得られるデータを活用したまちづくり・地域課題の解決

　サービス利用データを取得できるため、そのデータを活用した「都心三宮再整備」をはじめとする回遊性向上といった今後のまちづくり・地域課題の解決につなげる施策を検討しました。

③市民のエコアクション促進(環境アプリとの連携)

　市民のエコアクションを促進する神戸市オリジナルのスマホアプリ「イイことぐるぐる」と連携(ポイント対象メニューに「アイカサ」の利用を追加)。また、アイカサ利用者に対しても「イイことぐるぐる」のPRを行いました。

▌ 効果 ― まちの利便性がアップ

　利用実績として、多数の駅に設置することができたこともあり、実証事業開始当初から、神戸市の以前に展開したエリアと比較しても1スポットあたりの利用回数に遜色ありませんでした。

　また、市民から、神戸タータンのデザインを気に入っているという声や、「これは便利」「人にも環境にも優しい、素晴らしい試み」といった好意的な反応が、SNSなどを通じてたくさん届いています。

SECTION 03

「Uber Eats」との連携による緊急事態宣言下における飲食店・家庭支援

▌ 課題・背景 ── 緊急事態宣言による飲食店への深刻な影響

2020年春、新型コロナウイルス感染症の感染拡大による緊急事態宣言を受け、外食する人が大幅に減る中、市内の飲食店やその就労者は大きな影響を受けていました。また、学校の一斉休校により、保護者の家事・育児負担の増大も懸念されていました。

▌ 実施内容 ── 割引サービスの費用助成

外出自粛という状況の中で、飲食店・就労者・家庭の経済活動や生活を維持する一助として、3か月間実施したのが、デリバリーサービス「Uber Eats」を活用する際の負担の軽減につなげる支援です。

具体的には、まず注文者がUber Eatsのアプリ内で受けられる割引（プロモーションキャンペーン）について、通常時は対象飲食店が負担する費用（注文1件あたり100〜500円）を神戸市とUber Eatsが助成しました。

また、これまで市内6区（東灘区、灘区、中央区、兵庫区、長田区、須磨区）だったサービス提供エリアを拡大し、北区、垂水区、西区でも「お持ち帰り」（店頭でのテイクアウト）のサービスを開始するとともに、対象飲食店のUber Eatsの「お持ち帰り」サービス利用にかかる手数料を約4割減免することにしました。

加えて、本事業をPRすることで、市内の就労者が配達パートナーという働き方を検討する機会につなげることも企図しています。

図表4　UberEatsとの連携による主な支援内容

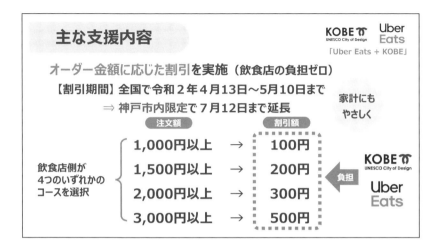

▍効果 ── 利用者増により、昨年比・約2倍の売上げに

　この取組みは、飲食店・就労者・家庭それぞれに対し、次のメリットをもたらすことを目指して企画したものでした。

・飲食店……売上げ減少分をデリバリーによる売上げ増で補てん

・就労者……ライフスタイルにあわせて柔軟に働ける配達パートナーという働き方を通じた収入の確保

・家庭……家事や家計の負担軽減、利便性・食卓のバリエーション向上

　支援策の発表後、20以上のテレビと新聞で取り上げられるなど、反響は非常に大きく、市民や飲食店の方々からもたくさんの問い合わせがありました。

　「どのようなサービスなのか」「どうすれば新規店舗登録できるのか」といった活用に前向きな問い合わせが多くある一方で、「デリバリー対象外のエリアがあるのに、市として不公平な政策をするのはいかがなものか」とお叱りを受けることもありました。

　これに対しては、「まずはスピード感重視でできることから進めており、今回の取組みだけで終わらせるつもりはない」旨を伝えたところ、

理解してもらうことができました。そして、そのような声から、その後の「出前館」や「mobimaru」との連携につながっていきました（詳細は次項を参照）。

　本支援策の期間終了後には、実際に利用された飲食店や利用者の方からヒアリングを実施。飲食店からは、「外出自粛による来客減で、5月中旬から利用を開始した。プロモーションキャンペーンの認知もされていたため、6月・7月に利用が増えた」「プロモーションキャンペーンの効果もあったと思う」「Uber Eatsと市が連携して事業をし、広く広報したことで、その反響が大きく、Uber Eatsの利用者が増えた。4月〜7月は昨年比2倍ぐらいの売上げとなった」との声が寄せられました。

　また、家庭からは、「外出自粛期間に、家族の食事を用意するのが大変だったが、プロモーションキャンペーンを利用して、デリバリーが頼めるので助かった」「プロモーションキャンペーンが、デリバリー利用のきっかけとなった」との感想がありました。

SECTION 04 コロナ禍における住宅団地へのキッチンカー提供実験

課題・背景 ── 郊外団地における生活不便

前項で紹介した、Uber Eats との連携による飲食店・家庭支援策は、非常に大きな反響があった一方、サービスの提供エリアが限られている点で課題がありました。

そこで、日本最大級の出前サービス「出前館」を提供する株式会社出前館と事業連携協定を締結し、全国初の取組みとして中小飲食店を対象とする出前館のサービス利用料助成をはじめ、家庭支援にもつなげる支援策「KOBE出前シフトサポート」を3か月間実施しました。

出前館は、サービスの提供エリア（山岳エリア以外は市内全域をカバー）や、配達スタッフの雇用形態（アルバイトか業務委託を選択可能など）といった様々な点で、Uber Eats とは違いがありました。また、出前館との連携にあたって、安全面を特に重視して取り組んでいると強調されていたのが印象的でした。このようにして、**特徴の異なるサービスを用意することで、飲食店や利用者のスタイルに合った形でどれを使うかという選択肢を広げる支援ができないか**と、ずっと考えていました。

ただ、郊外のニュータウンにある住宅団地では、どうしてもそのようなデリバリーサービスに対応できる飲食店自体が少ない、また生活利便施設（スーパー等）が近隣に不足しているという状況があり、コロナ禍における生活に不便を感じている家庭がありました。

実施内容 ── 2か所の団地にキッチンカーを実験的に配置

こうした状況を受け、「一般社団法人 日本移動販売協会（mobimaru）」

と事業連携協定を締結し、生活利便施設（スーパー等）が近隣に不足している郊外の住宅団地の市有地2か所に、キッチンカー3台を実験的に2週間配置しました。

　市役所内部では、都市計画課との連携のもと、対象となる郊外の住宅団地の選定や実験運営の方法について協議。そのうえで、mobimaruには、キッチンカー提供実験の運営やキッチンカーレンタルを担ってもらいました。

　本事業の具体的な項目は以下のとおりです。

①飲食店支援

　市内飲食店にキッチンカーを無料貸与。また、市有地の無償提供及び出店料をゼロにし、1商品につき100円相当額、準備費用の一部を助成しました。

②家庭支援

　店舗からの飲食提供による食卓のバリエーション向上に寄与。また、購入時の100円割引による負担軽減を図りました。

キッチンカー提供実験の様子

③地域支援

　空地・公園の有効活用による地域の魅力を創出。そして、柔軟な土地利用による生活利便性の向上を図りました。

効果 ── 利用者の９割以上が取組みを好評価

　飲食店に対しては、機会創出による販路の拡大や、PR効果の向上、家庭に対しては、家事や家計の負担軽減や、食卓のバリエーションの向上、地域に対しては、柔軟な土地利用による魅力創出や、生活利便性の向上といった効果があったのではないかと考えています。

　実験期間中に行った利用者に対するアンケートでは、２地区とも、９割以上の方がキッチンカーの取組みを「大変良い」、または「良い」と回答。また、同じく９割以上の方から「今後もこのような取組みが必要」との回答がありました。

　また、利用者からは、「高齢化地域で買い物が不便なのでありがたい」「歩いていける距離で買えるのは助かる」「継続して今後も定期的に行ってほしい」「他の場所でもやってほしい」との声が寄せられました。

　出店した市内飲食店事業者へのヒアリングでは、「キッチンカー運営のオペレーションを知ることができ、大きな経験となった」「お客様の喜びの声を聞くことができて、飲食店の可能性を再認識できた」「地域の方々と触れ合うことでお店の存在を知ってもらうことができ、出店者

側としても地域に愛着が湧いた」との声がありました。

　さらに、「高い可能性を秘めていると思う。メニューや販売方法、価格等は考えないといけない」「最初は諸条件が悪いと思っていたが、実際にやってみると近隣に飲食店やコンビニがない地域だからこその強いニーズのようなものを感じた」「実証実験は継続したほうがいい。同じ場所でまたやりたいと思えるくらい、愛着が湧いた」という意見が挙がりました。

　この結果を踏まえて、実施期間・実施地区を拡大しての住宅団地へのキッチンカー提供実験が継続して実施されています。

SECTION 05

フレイル予防をめざした
高齢者向けeスポーツ実証事業

▌課題・背景 ── 高齢者を取り巻く「フレイル」のリスク

　新型コロナウイルスの感染拡大が招いたことの1つとして、オンラインや在宅勤務などをうまく取り入れながら経済・社会活動を再開している層と、そうでない層の格差拡大が挙げられます。

　特に高齢者の場合には、社会活動や施設等での身体活動を再開したいものの、感染への不安等から再開できていないという人がたくさんいる状況にありました。こうした状況では、病気ではないけれど、年齢とともに筋力や心身の活力が低下し、介護が必要になりやすい、**健康と要介護の間の虚弱な状態「フレイル」のリスク**が高まります。

　フレイルに対処するには、その状態に早めに気づき、対策の3つの柱である「社会参加」「身体活動」「栄養（食・口腔）の摂取」にバランス良く取り組むことが重要です。そうすれば元の健康状態に戻れる可能性もあるため、**ウィズコロナを前提にできるかぎり身体的距離を保ちながら、いかに安全かつ効率的にフレイル予防に取り組めるか**が課題となっています。

　そこで目を付けたのが、ゲームを競技としてオンラインでも楽しむことができる「eスポーツ」でした。

▌実施内容 ── eスポーツ体験とフレイル予防

　神戸市・NTT西日本・株式会社PACkageの3者で締結した「withコロナ時代におけるeスポーツによる地域課題解決に向けた連携協定」の取組みの一環としてスタートしたのが、コミュニケーションの活性化と

健康増進をめざした高齢者向けeスポーツ実証事業です。

　市内のシニアサービス事業者を対象とし、高齢者同士あるいはその家族（お孫さんなど）とでeスポーツを一緒に体験することで、フレイル予防につながる可能性があるのかを、日常のバイタルデータの蓄積を行うことで検証しました。さらに、その効果を踏まえて、ゲームタイトルの追加や最適な検証環境を検討するとともに、心身に与えるポジティブな影響に関する仮説の設定を行い、将来的には高齢者のフレイル予防やデジタルデバイドの解消などにつなげることを目的に実証事業を行いました。

　本事業の具体的な項目は以下のとおりです。

①慣れる〈体験イベント等の開催〉

　パソコンやタブレット等の基本的な操作に慣れ親しんでもらい、機器やデバイスに対する抵抗感を払拭します。また、健康意識の醸成を目的に認知機能やフレイル問診チェックを活用し、利用者の健康状態の把握を行います。本事業に賛同する企業からの協力のもと、体験イベント等の開催によるコミュニケーションの活性化を通じて、より多くの利用者にeスポーツに対する興味・関心を持ってもらう機会を創出します。

②楽しむ〈様々なシチュエーションにおける日常的なeスポーツ体験〉

　施設内や利用者の自宅にeスポーツ環境を常設し、様々なゲームコンテンツを自由に楽しめる環境を提供。また、eスポーツの心身に与えるポジティブな影響に関する仮説の設定に向けて、ウェアラブル端末や睡眠マットセンサーを使用したバイタルデータの収集を行います。

③活かす〈実証に向けた取組みの方向性〉

　②の「楽しむ」の取組みにより、認知機能やフレイル問診チェックとフィードバックを通じて得た結果をもとに、eスポーツが心身に与えるポジティブな影響に関する仮説を設定し、今後の取組みに有効なゲームタイトルの選定やバイタルデータ計測方法の改善等、実証に向けて具現化を進めていく予定です。

図表7　高齢者向けeスポーツ実証事業のイメージ

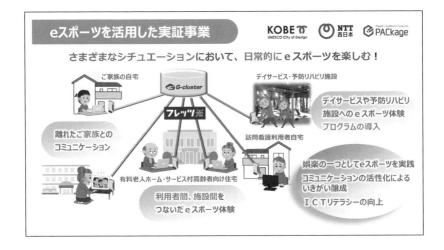

　なお、実証事業の実施にあたっては、高価なゲーミングパソコンを必要とせず、既存のパソコンやタブレット端末から遠隔のサーバーに接続することで、気軽に低遅延でゲームをプレイできる「クラウドゲーミングエッジ」というNTT西日本が提供する技術を活用。ゲーミングエッジ内に搭載されたゲームを利用してもらうことで、利用ログの収集を行いました。

▌効果 ── 今後、学術的知見をもとに検証

　今後、大学等の協力を得ながら、eスポーツ体験がフレイル予防に効果があるかどうかを学術的知見・ノウハウをもとに検証していきます。

　実際に、体験した高齢者からは、「スカッとする」「孫からやり方を教えてもらった」といった声が挙がっています。

　「スマートフォンやオンラインツールを活用して社会参加をしましょう」と言っても、そのきっかけやモチベーションにつなげることは難しいのが実情です。しかし、eスポーツはゲームを競技として楽しむことで、チームや仲間といった帰属意識にもつながるとともに、お孫さんな

施設内でeスポーツに取り組む様子

ど世代を超えたコミュニケーションツールとなり得ることを期待できます。

　また、**会話や体操など「普段していること」をスマートフォンを使ってオンラインで体験し、慣れる**ことも重要であると考え、タブレットやキーボード入力に不慣れな人でも簡単に利用できるオンライン会話ツール「リハブコール」を活用した実証事業もあわせて実施しています。

　こちらは、サービス提供事業者である株式会社Rehab for JAPANと締結した「人生100年・withコロナ時代における高齢者に対するデジタル化支援に関する事業連携協定」に基づき、サービスの提供を受けながら実証事業を実施しています。

　こうした取組みを通じて、高齢者にスマートフォンやタブレットの操作に関心を持ってもらい、デジタルリテラシーの向上につなげていきます。今後、ますます進むであろうデジタル社会や行政のスマート化にも不安を感じることなく対応できるように今後もこうした支援は必要だと考えています。

SECTION 06

前例あり・予算なし

「ヤフー」との データを活用した 地域独自の価値創出

▍課題・背景 ── データと何をつなぎ、掛け合わせるか？

　2018年、神戸市はヤフーと「データドリブンな市政課題解決に関する事業連携協定」を結びました。この協定の目的は、**「データドリブン（得られたデータをもとに、次のアクションを起こしていくこと）な課題解決とそれを担える人材の育成を図る」**こと。簡単に言えば、神戸市とヤフー、それぞれが持つデータを掛け合わせることで、市の取組みの効果を可視化したり、市職員のデータ分析のリテラシーを高めたりしていこうとする施策です。

　事業連携協定の具体的な内容としては、神戸市の調査データとヤフーのマルチビッグデータを掛け合わせ、都心・三宮の再整備で進めている魅力スポットの整備や歩行者空間の拡大などの事業に、そのデータを活用していきます。具体的には、にぎわいの増加や回遊性の向上、居心地の良さなど効果が得られるのかをデータにより、分析し可視化するというものです。

　この協定の締結に関わった際、私は、データの価値は、「知らなかったことを発見すること」と、「感覚に頼っていたことを確かめること」にあると考えていました。そこで2019年につなぐ課に異動してからは、何か行政課題とは別のものと「つなぐ」ことで新たな価値を生むことができないかと思い、ヤフーの担当者に相談。一方で、ものづくりの職人は「自身の経験と感覚を頼りに現場に立っている」ことをのちにコラボすることになる神戸の老舗ベーカリー「ケルン」の壷井豪さんが話していたことを思い出しました。徐々に**「データとは対極の位置にあるように思える『匠の技』と客観的なデータとを掛け合わせたらどんな化学反応が起**

新商品『AI特製カレーパン』発
売のお知らせ

2019.12.17 [Tue]

カテゴリ：　お知らせ

12月19日より、ケルン御影店限定で『AI特製
カレーパン』を発売します！

この『AI特製カレーパン』は、078＊のイベン
トにおいて、ヤフーとのデータ活用の取り組
みで開発しました！
ケルンの人気ランキングをもとに、ヤフーの
ビックデータとヤフーが独自に収集したアン
ケートを掛け合わせて、いままでにない特製
カレーパンができました。

こるのか」を知りたくなってきました。

　そこで、市内事業者とヤフーをつなぎ、その匠の技と客観的なデータ
を掛け合わせることによって、神戸ならではの新たな価値が生まれたの
が、この事例です。

実施内容 ─ データ×食・ファッションによる商品開発

　具体的なきっかけとなったのは、「078KOBE」という、音楽、映画、
アニメ、ファッション、IT、食など多分野を横断した神戸発の参加型
イベントです。

　まず、2019年のイベント時に「データ」と「食」の掛け合わせから生ま
れたのが、**「AI特製カレーパン」**です。

　ヤフーが兵庫県、大阪府、京都府在住の845人を対象に実施したアン
ケート結果をもとに、消費者が好むパンの傾向をAIが解析。これを地
元の老舗ベーカリー「ケルン」が体現し、外はカリッと、中身はソフト

神戸レザーを使ったフラグメントケース（超小型財布）

で甘みのあるカレーパンが生まれたのです。

「078KOBE」内でのカンファレンスで、その開発秘話とともに試作品を披露したところ、参加者の方々にも好評で、実際の店舗で期間限定で販売されるまでに至りました。

その動きは翌年の「078KOBE」での展開にもつながります。次は「データ」と「ファッション」を組み合わせる企画として、**神戸レザー（※）を使ったフラグメントケース（超小型財布）**が開発されました。

※「神戸レザー」……神戸ビーフに認定された但馬牛の皮革をアップサイクルしたレザーブランド。

財布は、革製品関連で検索されることが多く、ニーズが高いこと、近年キャッシュレスの浸透などの影響で、特に「小型財布」の検索が増え、トレンドになってきているというデータをもとにしたものです。色や価格帯、ターゲット層などもそれぞれデータに忠実に設定し、神戸元町のレザーブランド「Kiichi」と実際に商品を開発しました。完成したフラグメントケースは、「Kiichi」店頭のほか、「ZOZOTOWN」でも販売され、神戸市のふるさと納税返礼品にも採用されています。

▌ 効果 ── 期待される新たな価値創出の連鎖

　「AI特製カレーパン」では、店頭で販売するパンをはじめとする画像データやヤフーの検索データ、アンケート結果などから、ヤフーが提供するAIが消費者のニーズに合わせたパンを解析することで、「今まで思いつかなかった特徴のカレーパンを開発することができた」とケルンの壺井豪さんが話してくれました。販売中の売り上げも順調だったとのことです。

　一方、神戸レザーのフラグメントケースでは、検索データから革製品に対するニーズトレンドを分析したところ、キャッシュレス化により数枚のカードとお札、小銭が少し入るコンパクトなフラグメントケースが求められつつあることがわかりました。

　また、色を決める際には、「神戸」と一緒に検索されることが多く関連性の高いワードを集め、それをもとに議論してグリーンやブルー、オレンジなどの神戸をイメージさせるカラーを抽出しました。こうして、関連するデータにもとづいた検討を経て、神戸らしさを取り入れたフラグメントケースが開発されました。

　このようなデータと匠の技を組み合わせるプロセスを経て開発する手法は全国でも稀な試みといえます。異分野のものをつなげるという発想で、従来にはなかった新たな価値が生まれました。

　市内の民間事業者の方々の間でも、データを活用した商品開発やプロモーションなどへの取組みが徐々に広がっています。

SECTION 07

Facebook地方創生支援プログラム「コミュニティの力、起動！」

課題・背景
― 行政・企業・コミュニティによるSNSの有効活用

神戸市には、市が運営する公式Facebookアカウントがたくさんありますが、それらは各部署が独自に運営している状態で数も多すぎる印象がありました。また、その中には、更新の頻度が少ないものや、情報が更新されず放置されたものが存在。それらが体系的に情報を発信している状況とはいえず、今後の運用の仕組みやルールづくりについて課題がありました。

さらに、行政に限らず、地元企業やコミュニティ等でもSNSをさらに有効活用できるようになれば、ビジネスや地域活動が広がり、地域経済・コミュニティの活性化につながるのではないかと考えました。

実施内容
― 市政・地域経済・コミュニティ、３つのプログラム

Facebook Japan株式会社と、経済分野・コミュニティ分野など幅広い分野でSNSを活用することにより地域経済・地域コミュニティの活性化を図ることを目的とする「**地域経済・地域コミュニティ活性化に関する事業連携協定**」を締結。FacebookやInstagramを通じて、地域経済・地域コミュニティ活性化につなげるためにFacebook Japanが地方自治体向けに開発した地方創生支援プログラム「コミュニティの力、起動！」を、全国で初めて神戸市が活用しました。

本事業の具体的な項目は以下のとおりです。

「コミュニティの力、起動！」プログラム

#KOBEブルーウィーク

職員向けSNSセミナー

中小企業等向けセミナー

SNS安全利活用支援

市民参加型キャンペーン

SNSによる効果的な情報発信、運用ルール、トラブル対策などのノウハウを広げる	中小企業・スタートアップ等を対象とするSNSを活用したビジネス拡大マーケティングを支援	青少年やその保護者を中心にInstagram等SNSの安全利活用セミナーを開催	FacebookやInstagramを活用した市民参加型SNS投稿キャンペーンを開催

①市政情報発信支援プログラムの実施

　SNSを情報発信に活用する際の効果的な手法や運用ルール、トラブル対策などについての市職員対象セミナーや個別相談会を開催し、情報共有のノウハウを共有しました。

②地域経済活性化促進プログラムの実施

　地元中小企業・スタートアップ等を対象とする、SNSを活用した海外展開を含むビジネス拡大・ブランディング・マーケティング及び人材確保を支援するセミナー「Facebook Marketing Boot Camp」を開催しました。

③コミュニティ活性化促進プログラムの実施

　青少年及びシニアを中心とした地域コミュニティ対象のSNS安全利用についてのセミナー「Facebook/Instagram青少年安全セミナー」「#100年ずっ友プロジェクト・セミナー」を開催。また、地域で活動するNPOを対象としたSNS活用のためのセミナーも開催しました。

▎効果 ── 多様な層によるSNS活用に貢献

①「神戸市Facebookブルーウィーク」の開催

　2018年9月8日〜16日にかけて、「神戸市Facebookブルーウィーク」と題し、市職員、中小企業・スタートアップ、NPO、シニア、保護者・学生など様々な層を対象とするセミナー及び個別相談会を集中的に開催。約400名が参加し、参加者からは「機能がよくわかり、市民への情報発信に活用したいと思った（市職員）」「活用事例をまじえたパネルディスカッションが特に興味深く、SNSを活用した広告の知識がさらに深まりました（市内企業）」など、アンケートの満足度も非常に高く、ニーズに合った内容を展開できたのはないかと考えています。

②商店街・小売市場を対象にしたSNSセミナーへの展開

　この取組みを知った商店街関係者から、商店街・小売市場を対象にしたSNSセミナーを開催してほしいとの要望があり、FacebookやInstagramを情報発信に活用する際に必要な知識、効果的なコンテンツづくり、広告配信の仕方などを事例とともに伝えるセミナーを開催しました。

　さらに、そのセミナーでモデルとして取り上げた商店街のFacebookアカウントを管理している担当者をFacebook Japanがフォローアップしながら、Facebook広告を活用して、商店街のマルシェイベントの集客につなげる実践をしました。

　その結果、**これまで参加したことのない新規の来場者が増えた**という効果がありました。

③市の公式SNSの開設・運用ルール変更やガイドライン作成

　Facebook Japanの助言・提案のもと、神戸市の公式SNSの開設・運用ルールを変更（開設・運用条件に、週あたりの最低投稿回数を追加するなど）するとともに、各アカウント・投稿へのエンゲージメント（閲覧、いいね、クリック、シェアなどの数）を高めるためのガイドラインを作成し、庁内へ周知することで、各SNSアカウントの発信頻度・クオリティ向上につなげています。

SECTION 08

応援購入「Makuake」と
中小企業をつなぐ
地域産業への後押し

▌ どんな部署でも官民連携はできる

2019年春に組織され、官民連携をはじめとした様々な施策や事業を創出してきた神戸市の「つなぐ課」。その後、「つなぐラボ」と名称が変わり、2021年4月からは体制を変えて「政策調査課」の中で活動を続けていますが、創設当初のメンバーは既に全員異動しています。

私自身、経済政策課に異動。行政の異動スパンとしても比較的短いほうでしたが、これはつなぐ課でメンバーが身につけた**「つなぐマインド」**を市役所の各所で実践し広げていってほしい、というメッセージだと私は受け取っています。

つなぐ課・つなぐラボだから官民連携がやりやすかったという部分もあるかもしれませんが、そうでなくても官民連携は実践できます。

それを自らで確かめるために、ここまで紹介してきたノウハウが、つなぐラボ以外の部署でも再現性があるものかどうか、経済政策課で官民連携プロジェクトにチャレンジした事例を紹介します。

▌ 課題・背景 ── 中小企業における新規顧客獲得機会の減少

神戸市では、市内中小企業とIT・デザインなどの都市型創造産業に従事する人材の協業により、新たな商品・サービス開発、持続性のある新規事業を生み出すイノベーション創出支援プログラムを実施し、地域産業全体の活性化・高付加価値化につながる好循環をつくり出す取組みを進めてきました。

具体的には、①持続可能なビジネスを創造する観点である「ESG」を取

り入れ、市内中小企業が中心となってサステナブルな新規事業を生み出す「プロジェクト・エングローブ」、②「デザイン経営」の視点から事業開発・課題解決を実践するプログラム「未来経営塾Wonders」、③自社や商品のブランドコンセプトを固めて具体的な商品開発につなげる「ものデザインコラボLAB」という、3つの取組みです。

　一方で、新型コロナウイルス感染症の感染拡大の影響により、催事・展示会等が少なくなっていることに伴い、中小企業が新規顧客の獲得や顧客ニーズを把握する機会が減少している状況にありました。

　こうした中、目をつけたのが、「アタラシイものや体験」の応援購入サービス「Makuake」です。

　「応援購入」とは、これから生まれ、世の中に広がっていく商品やサービスを、作り手や担い手（Makuakeではプロジェクト実行者といいます）の想いやこだわりに共感し、応援の気持ちを込めて購入する体験のこと。このサービスを提供・運営する株式会社マクアケとは、数年前からつながりはあったのですが、中小企業支援を担当することになってから、より一層注目していました。

　市内の中小企業の経営者と話をする中で、Makuakeについては「気になっているけどなかなかきっかけがない」「どのように使えばいいのかわからない」などといった声もあったため、ニーズがあると確信し、連携の可能性を模索し始めました。加えて、実施中の新規事業開発などを目的としたイノベーション創出支援プログラムから様々な新商品・サービスが生まれてくる可能性を感じていたため、それをさらに後押しすることができればという想いもあり、この連携事業に至りました。

▌実施内容
── 開発・マーケティング・広報、一気通貫した支援策

　新規事業開発などを目的としたイノベーション創出支援プログラムから生まれた新商品・サービスについて、マーケティング・広報という世に送り出す出口までのサポートとしてMakuakeをうまく活用することにより、中小企業のイノベーション創出・販路拡大支援をより一層後押

図表10 （神戸市の）地域産業の活性化・高付加価値化に向けた施策

しできるような内容にできればと企画しました。

　開発からマーケティング・広報まで一気通貫した支援策を通じ、たくさんの成功事例が生まれることで、「うちもやってみよう」と追随する企業が増え、産業全体への波及・底上げ、そして地域産業全体の活性化・高付加価値化につながっていくことを目指しています。

　また、ITやデザインを積極的に取り入れる中小企業が神戸市内で増えてくることにより、デザイナーやクリエイターにとっても「面白いことができる・生まれるまち」になっていけばという思いから、こうしたコラボが生まれるマッチングの機会につなげる仕組みも考えました。

　本事業の具体的な項目は以下のとおりです。

①「Makuake」活用セミナー・個別相談会の開催

　神戸市・株式会社マクアケの共催により、Makuakeの基本的な仕組みの解説から、実際に活用した中小企業の体験談、プロジェクトを進めるうえでの具体的なアドバイスまで、初めての人でもMakuakeの活用方法がわかるセミナー・個別相談会を開催します。

図表11　開発からマーケティング・広報まで一気通貫した支援体制

既存の中小企業支援プログラムとの連携　KOBE UNESCO City of Design　Makuake

実施中のイノベーション創出プログラムとの連携体制を構築

englobe
地域にいいビジネスを、神戸から。

ミライ経営塾
Wonders

ものデザイン
クラボ
LAB

イノベーション創出支援プログラム

連携・相談　Makuake

既存支援プログラムに参加する企業が
サービス（主にBtoC）事業化・資金調達を
目指すにあたっての相談を受ける体制を構築
※各事業の受託事業者との連携

②既存の中小企業支援プログラムとの連携

　イノベーション創出支援プログラムを企画・運営する各事業者と株式会社マクアケが連携し、当該プログラムに参加する企業がサービスの事業化・資金調達を目指すにあたって、Makuake活用の相談を受ける体制を構築します。

③プロジェクトページに関するサポート

　マーケティング成功のために重要なMakuake上のプロジェクトページ掲載のため、以下のサポートを行います。
・プロジェクト計画と、プロジェクト成功後を見据えた販売戦略のアドバイス
・リターン(発送商品)に関するアドバイス
・プロジェクトページへのアドバイス（全体構成・文章作成・写真撮影など）

④市内クリエイター等とのマッチング

　上記のプロジェクトページ制作において、市内クリエイターと協業する機会を創出するため、市内クリエイターを対象に公募を行い、プロジェ

市内クリエイターとのマッチング KOBE UNESCO City of Design Makuake

プロジェクトページを制作する市内クリエイター（専門人材）を公募
→ Makuakeクリエイターズネットワークへの登録にもつなげる

▲「KOBE CREATORS NOTE」

プロジェクトを
立ち上げる企業

公募
マッチング

市内クリエイター
活躍の場創出にも

▲「Makuake Creators Network」

クトを立ち上げる企業とのマッチングを図ります。また、実績をつくっ
たクリエイターには、マクアケ社が運営する「Makuake Creators
Network」への登録につなげ、さらなる活躍の場の創出を図ります。

⑤特集ページ（神戸市×Makuakeページ）開設

本連携事業に関連する「Makuake」掲載プロジェクトを集約・一覧化
する「神戸市×Makuake」特集ページを開設し、神戸から新たに生まれ
た優れた商品・サービスについての情報を全国に届けます。本ページに
掲載される商品・サービス間での波及効果も期待されています。

▌効果 ── 民と民をつなぐことで、産業振興に寄与

中小企業にとっては、低リスクかつオンラインでマーケティングや広
報が可能なMakuakeの活用障壁を下げることができました。加えて「B
to C」（Business to Consumer ／企業が商品やサービスを直接消費者に
提供するビジネスモデル）の製品開発のモチベーションにもつながるこ
とを効果として期待しています。

また、都市型創造産業の人材にとっても、新商品・新サービスの開発

図表13 「神戸市×Makuake」特集ページ

に取り組む中小企業が増え、本事業を通じたマッチングを通じて、これまで接点のなかった企業との協業機会の創出にもつながるのではないかと考えています。

　会見での発表後、地元紙の記事でも取り上げられたこともあり、イノベーション創出支援プログラムに参加している企業を含め、複数の中小企業からの問い合わせがありました。発表の翌月に開催したセミナー・個別相談会にも中小企業の経営者を中心にたくさんの方々が参加し、実際にこの連携をきっかけに、Makuakeへのチャレンジを決めた企業もありました。

　その結果、連携事業をスタートして半年も経たないうちに、市内企業3社が新たなプロジェクトを立ち上げることとなり、それにあわせて「神戸市×Makuake」特集ページを開設・掲載することができました。

　いずれのプロジェクトも順調にサポーターを集め、目標金額を達成し、中には目標金額の1350％に達するものまで現れました。さらに、それらのプロジェクトを立ち上げた企業間で新たなコラボに向けた話し合いも始まりました。特集ページが、市内企業をつなぐ場になったのです。

今後も、神戸から素敵な商品・サービスが生まれてくるのが楽しみです。

　本章の「06：ヤフーとのデータを活用した地域独自の価値創出」や「07：Facebook地方創生支援プログラム『コミュニティの力、起動！』の実施」なども同様のことがいえますが、**プラットフォームを提供する大企業と地域の中小企業の間に自治体が入ることで、そのプラットフォームの活用に対する障壁を下げ、すそ野を広げることに官民連携の意義がある**と考えています。

　「アンテナが高い人だけが知っている」「使い方がわかっている人だけが使っている」のではなく、様々な中小企業がそのときの状況・課題に適した手段をうまく使いこなすことができる地域になっていくことで、多様で柔軟性のある地域産業が生まれることを期待しています。

　官民連携は行政課題を解決することをイメージする人が多いかもしれません。しかし、このように民と民をつなぐことで、経済活性化・産業振興を推進する形も考えられるのです。

「Makuake」との連携事例
に見る官民連携のノウハウ

▌ 取材

　最後に、前項で紹介したマクアケ社との連携事例について、活用した
ノウハウを業務の流れに沿いながら振り返りたいと思います。

　私に課せられていたミッションは、中小企業のイノベーション創出・
付加価値向上支援です。そこで、まずはその対象となる中小企業を取り
巻く実態・課題の把握が不可欠であると考え、市内の中小企業を数十社
回りました。

　自分のネットワークをたどりながらも、例えば製造業を中心に回ろう
としたときには、これまでのネットワークではアプローチできないこと
がほとんどでした。そのため、担当している工業課から紹介してもらっ
たり、電話で直接アポを取ったりして機会を持ちました。事前には、各
企業のホームページを隈なくチェックし、事業内容や強みなどをしっか
りと押さえて取材に臨みました。

　主に「B to B」(Business to Business ／企業が企業に対してモノやサー
ビスを提供するビジネスモデル)を行う企業は、普段の生活で関わるこ
とは少ないものの、詳しく話を聞くうちに、その企業が提供しているモ
ノやサービスがまちや生活のいたるところで大切な役目を果たしている
ことを改めて知りました。そして、「B to B」に限らず、「B to C」にもチャ
レンジしてみたいという熱い想いや挑戦意欲を持った経営者もたくさん
いることを知りました。

　優れた技術を持つ企業が市内にたくさんあり、私たちの生活や社会を
支えてくれているということを、B to Cビジネスへの展開を通じて広く
知ってもらう機会につなげることができればと考えたことを覚えていま

す。

①課題（ニーズ）

その一方で、中小企業は大企業と異なり、新商品・サービス開発を行う際のマーケティングに関するノウハウ・リソースに限りがあります。話を聞く中でも「Makuakeに興味はあるものの、活用のきっかけやノウハウがない」という声がありました。

また、コロナ禍の影響で、催事・展示会等が少なくなっていることに伴い、中小企業が新規顧客の獲得や顧客ニーズを把握する機会が減少している状況にもありました。

②民間サービス（シーズ）

B to Cビジネスを意識し始めたときに、頭にまず思い浮かんだのがMakuakeでした。まだぼんやりとした連携イメージでしかありませんでしたが、他都市でB to Bに加えてB to Cビジネスへの展開をMakuakeをうまく活用して成功させた企業の話も聞いていたので、神戸でもそのような事例につなげられればと思い、数年前に会ったことのあるマクアケ社の担当者へメッセージを送りました。かなり久しぶりのやりとりでしたが、互いにFacebookで活動は認識していたため、とてもスムーズに話が進んでいきました。

しっかりと私の考えを伝えたうえで、Makuakeの強みと仕組みについても詳しく聞いたところ、強みとしては、低リスクかつオンラインでマーケティングや広報が可能であること。さらに、オンラインのサービスであるため、コロナ禍においても十分有効なツールとして活用できるのではないかということでした。

③予算・前例「前例あり・予算なし」

次に、連携スキームの基本形を模索するために、やはり他都市をはじめとする参考事例をリサーチしました。

調べてみると、意外と身近にうまくマクアケ社と連携しながら支援メニューに取り入れている中小企業支援団体の事例を知り、すぐに取材に

行きました。やはり実践されている団体の知見は、とても具体的かつ手触り感のあるもので、実際にやってみた効果や課題も聞くことができ、大変参考になりました。

　年度途中で動き始めたプロジェクトのため、当然予算はありませんでしたが、その支援団体の取組みもあまり予算をかけずに実施することができていると聞き、この支援団体が実施している支援メニューをベースに連携スキームを考えることにしました。そのあたりから、ぼんやりしていたイメージが少しずつ具体的なものになっていきました。

　しかし、そのまま同じ内容にしてしまっては神戸市としての独自色がないため、神戸市が取り組んでいる施策も踏まえて特色ある支援スキームを生み出せないかの検討に移りました。

▌ 妄想→ブレスト

　前項で紹介したマクアケ社との連携内容のうち、以下の２項目が話を聞いた支援団体が実施している支援メニューを参考にしたものです。

　①「Makuake」活用セミナー・個別相談会の開催

　③プロジェクトページに関するサポート

　さらに、取材で得た情報やインスピレーションをもとに、どのようなことができるかという妄想を繰り返します。①、③のようなベースとなる項目があるからこそ、安心して妄想することができるため、先にいくつか現実的な内容を据えておくことも大切です。

　そして、以下の３項目が神戸市の独自性を出すために追加した内容です。

　②既存の中小企業支援プログラムとの連携

　④市内クリエイター等とのマッチング

　⑤特集ページ（神戸市×Makuakeページ）開設

　前述のとおり、既に新商品・サービス開発を支援するプログラムが複数実施中だったため、そのプログラムとうまく連携させることにより、より手厚い支援体制が組めるのではないかということで、②を考えました。

また、神戸市内で活躍しているクリエイターと企業がつながるウェブサイト「KOBE CREATORS NOTE」も担当していたため、そのウェブサイトをマッチングの場として活用できることから、④を考えました。

　さらに、神戸市とマクアケ社が連携することによる特別感やより大きな効果を生み出すための方法について、いろいろと相談した結果、⑤の特集ページを開設してくれることになりました。

　私の中の頭にあるイメージを、マクアケ社の担当者と共有するため、項目ごとにパワーポイントで具体的にまとめ、その資料をベースにブレストしていきました。「これはできる」「これはできない」「こういう方法ならできる」「これならこの方法のほうがよいのでは」といった議論ができるレベルの資料で、この時点ではデザインも特にこだわらずラフなものです。熱量が高いうちに一気にスピード感を持って決めていきました。最初に打ち合わせをしてから発表するまでの期間は3～4か月でした。

　何かベースとなる資料がないと、ブレストしようにもいつまでもふわふわした内容になるため、先に進めません。スピード感を確保するためにも、共通認識を図り、具体的なブレストを進める材料となる資料づくりは大切なことです。

■ 関係者調整

　その後は引き続き内容をブラッシュアップさせながら、神戸市・マクアケ社の両者で実現可能性を確認するため、双方の内部調整に入っていきます。

　このあたりから、①どのような課題・背景から、②どのような方々に対して、③どのような施策を実施するのか、そしてそれによって④どのような効果がもたらされるのか、という会見での発表を意識した構成で資料を仕上げていきます。

　連携する意義や年度途中からでも実施する理由、そもそも「なぜマクアケ社なのか」といったことをしっかりと説明するため、それまでの取材やブレストで得た情報をストーリーに盛り込み、熱意を持って上司・関係者の理解を得ていきました。

図表14 地域産業支援のビジョン（全体像）

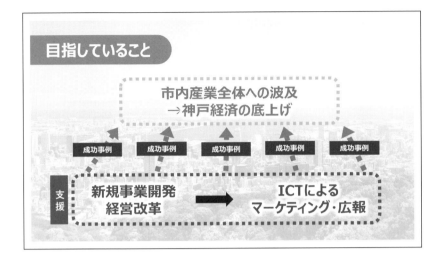

「どんなことをするの？」と聞かれて、すぐに具体的な内容の説明をしたくなりますが、上記のパワーポイントのように、①の背景の部分で、**目指していることの全体像をビジュアル化したうえで具体的な内容の説明に入っていくことで、結果的に取り組む内容の位置づけや意義が伝わりやすくなります。**あわせて、中小企業や支援団体からの具体的な声も紹介することで、納得性を高めることができたと感じています。

また、つなぐ課のときと異なることとして、自らがその事業を引き続き担当することができるため、担当課を決めるという内部調整コストが格段に下がりました。これは事業部局で官民連携に取り組む点の最大のメリットかもしれません。

┃ 発表

いよいよ連携事業の発表です。会見会場は市役所の会見室ではなく、本事業と非常に親和性が高い「アンカー神戸」という2021年春にオープンしたイノベーション創出施設を使用し、取組みの本気度をアピールし

連携協定についての会見の様子

ました。

　オフライン・オンラインでの会見参加を可能とし、積極的にメディア
を誘致した結果、新聞やWEBメディアで複数の記事として取り上げて
いただきました。地元紙を見て市内企業から問い合わせがあったほか、
WEBメディアでは詳細に内容が紹介され、SNSでもたくさんの共感コ
メントをもらいました。

　事業の実行については、まさに現在進行形になりますが、期待感が高
まっているだけに、具体的な成果につなげられるよう、引き続き官民一
体で取り組んでいきたいと思います。

第 **3** 章

官民連携を行う際に、まずすべきこと

官民連携にいざ取り組むにあたり、
まずは何から始めたらよいかわからない、という人も
多いことでしょう。ここでは、具体的に着手するにあたり、
そもそもの課題を察知するために必要なこと、
連携パートナーを見つけるコツなどを解説します。

前例・予算の有無による 4類型を理解する

▎前例・予算の有無によって進め方や留意点が異なる

　前章で紹介したこれまで私が取り組んできた事例は、**「他都市での前例」あるいは「予算」の有無**により、協定締結・実施に至るまでの進め方や留意点が異なり、それに伴い難易度にも差があります。

　他都市での前例の有無によっては、取組みを発表・実施する際のインパクトが大きく変わってきます。やはり前例がない場合には「全国初」などと大きくメディアで取り扱われることもある一方、どのような反響があるのかがまったく読めないというリスクもあります。

　予算の有無によっては、大事な税金を使う以上、その金額に応じてしっかりとした説明責任を求められることになります。もちろん予算がない場合でも、稼働のための人件費が生じるというコスト意識は忘れてはなりません。

　こうしたことを踏まえ、官民連携について、他都市での前例・予算の有無の組み合わせにより、4類型に分類し、それぞれの難易度を図表15にまとめました。官民連携に取り組むにあたっては、まずこの4類型について、それぞれの特徴をつかむことから始めましょう。

▎前例あり・予算あり ── 官民連携にはなじみにくい

　このパターンは、難易度を「中」としたものの、連携協定による事業の協働実施が当てはまるケースはほとんどなく、実施するとすれば業務委託の形をとるケースが多いのではないでしょうか。

　仮に、他都市において一定の効果が認められている有償の官民連携事

図表15 他都市での前例・予算の有無の組み合わせによる４類型

		（他都市での）前例	
		あり	なし
予算	あり	難易度：中 ・協定ではなく、委託のケースが多い？ ・協定のメリット少ない	難易度：中 ・最もできることが多い ・連携先選定の説明責任が特に求められる
	なし	難易度：低 ・前例をそのまま転用することができる ・独自色を出せると good	難易度：高 ・企業側のリソース提供が最も必要になる ・機動的に進められる一方、創造的発想が求められる

業を同様に実施するとすれば、それを参考に仕様書を作成し、委託事業者を選定するための公募型プロポーザルを実施のうえ、業務委託を行うというプロセスがスタンダードでしょう。

　連携協定による事業の協働実施のあり方としては、これまでその地域になかった民間サービス、あるいはそのサービスを活用した取組みを試行的にインストールする実証事業を行い、そこで課題解決や市民サービスの向上に資するかを検証するという形が基本です。

　そのうえで、目指すべき理想は、実証事業を通じてそのサービスを活用した取組みを軌道に乗せるところまでを行政が伴走し、その後は民間事業者が自走してユーザーを拡大していくかたちです。実証事業において、一定の効果や市民の認知を得ることができれば、行政の予算や補助金に頼ることなくサービスとして持続的に成り立つはずです。逆に、行政の予算頼みになってしまうと、その予算が切れてしまった途端、サービスが立ち行かなくなってしまう可能性もあります。

　連携協定による事業の協働実施のメリットは、前例のないことにもスピード感を持ってチャレンジし、その効果を体験・検証することができる点であるため、**このパターンにはなじみにくい**と考えられます。

前例あり・予算なし
── まずはここから、独自色を出せるとgood

次に、前例があって予算がないパターンです。こちらは他都市で実施されている事業スキームをそのまま転用すれば、実現は比較的簡単にできるということで、難易度を「低」にしています。

「官民連携をやってみたいものの、何から取り組んでいけばいいのかわからない」という方は、このパターンから考えるとよいでしょう。

先に取り組んだ都市の担当者にヒアリングを行い、導入してみてわかった課題や効果などを確認し、もし同様の課題が発生する可能性があるなら、それを踏まえたスキームに改善することもできます。このような準備や対応を行っていれば、内部での説明や市民の方などからの問い合わせにも十分対応できるでしょう。

加えて、私がこのパターンのときに考えるのは、せっかく企画するのであれば、**すでに存在する前例をベースに、自分のまちらしい「味付け」をして、独自色を出す**ことができないかということです。

具体的には、相性の良い既存施策と組み合わせたり、その事業にさらに地元企業を巻き込むことで、その効果をより一層アップさせられることが期待できます。

前例なし・予算あり ── 最もできることが多い

前例はないけれど、予算はあるというパターンはどうでしょうか。

予算が確保されている以上、その予算の範囲内で、民間サービスを活用した取組みを考えることができるという点では、**最もできることが多いパターン**といえます。一定の目的のもと実証事業用の予算を確保し、民間事業者から事業提案を公募する形がこれに該当します。

あるいは、当初想定されていた予算はなかったものの、急遽年度途中に事業の必要性・実現性が高まり、予算を確保するというアプローチもあります。私の場合は後者のアプローチが多かったのですが、事業を実現させるために何とか庁内で活用できる予算を調整したり、補正予算を

組んだりと、**庁内関係者の協力は必要不可欠**です。

　また、前例がない分、民間サービスの活用が解決に向けて機能する「スキーム」をイチから描くことが求められます。さらに、特定の民間事業者と連携協定を締結したうえで、事業の協働実施にかかる必要経費を支出するとなれば、それ相応の説明責任に応える準備をしておく必要があります。以上のことから、難易度を「中」としました。

　前述の「前例あり・予算あり」も含めて予算ありのパターンでの実施は、事業の実施期間が短期で定まっていて、継続的な予算が不要である場合、あるいは行政の予算頼みにならないような設計ができる場合に、実施の検討をするのがおすすめです。

▌前例なし・予算なし
▌── 難しいが、まさに官民連携の醍醐味

　最後に、前例も予算もないパターンです。まさに何もないところから創造しなければならないということで、難易度は「高」としていますが、まさにこれが官民連携の醍醐味といえる部分ではないかと思っています。

　行政と民間が一体となって知恵を絞り、汗を流し、共通の課題解決に取り組むことができれば、きっと新しい価値を生み出すという体験ができるはずです。

　前例もなければ予算もないことを逆手にとって、アイデア次第で「とりあえず（やってみないとわからないので）やってみよう」というマインドのもと、どんどんスピード感をもってチャレンジしていくことが最も大切なポイントです。

　このパターンでは、とにかく想像力と脚本力が求められます。先述のとおり、それまでインプットしてきたニーズやシーズに関する情報の「引き出し」を総動員して、行政課題と民間サービスの組み合わせを模索します。ある程度その組み合わせが定まってきたら、いかにして**"予算をかけずに"民間サービスを機能させるか、「スキーム」を想像する力**が必要となってきます。

とはいえ、実際のところは、何もないところから組み合わせを考えるというよりも、ニーズあるいはシーズのどちらかを起点にして考えていく形が多いので、まずはその起点になりそうなことを見つけることから始めてみましょう。

さらに、この条件の難易度を「高」としたもう1つの要素として、予算がない分、実施にあたってはパートナーとなる**企業側に相当の費用負担やリソース提供を求めることが前提**になる点が挙げられます。いわゆる「手弁当」を求めることにもなり得るため、パートナー候補の企業には、協議の早い段階でそのあたりの温度感や実現可能性を確かめておく必要があります。

ただし、無理な手弁当は続きません。手弁当は実証事業期間中のみ、それ以降はしっかりとその仕組みを維持できるだけのビジネスモデルを両者でひねり出すことが重要になってきます。

▌前例がない案件に取り組む理由

先ほどの4類型分類表（図表15）にこれまで私が携わった主な官民連携の事業を当てはめたのが図表16です。

ほとんどの事例が前例のない事業ということがわかります。なぜ、前例がないことにあえて取り組んできたのでしょうか。

ICT・データやSNSの活用から始まり、シェアリングエコノミーやeスポーツなど、数年先は当たり前になっているであろうテクノロジーを先取りし、新しい価値を生み出すことへの「ワクワク感」が私の原動力です。

その新しい価値につながるアイデアが降りてきたときのワクワク感がモチベーションとなり、アイデアの実現に向けて自然と体を突き動かしてくれます。また、そうしたチャレンジをすることで、これまで見えなかった景色が見えるようになりました。

もし、実証事業を通じて期待していたほどの結果が得られなかったとしても、その失敗を経験した人は自分以外世界のどこにもいません。良くも悪くも憶測のとおりの結果が出ることはまずありません。その失敗

図表16 著者が携わった主な官民連携事業

		（他都市での）前例	
		あり	なし
予算	あり	——	アイカサ Uber Eats 出前館 mobimaru （キッチンカー）
	なし	TABETE Makuake	ヤフー Facebook Japan NTT西日本

から課題の本質に改めて気づかされることさえあります。だからこそ、その失敗を含めた経験が大きな財産といえるのです。

　思った結果が得られなかったとしても、課題の本質と向き合い、「何がダメだったのか」「何を改善すればよいのか」という課題を考えることができる――。それは、次のステージに進んでいるといえます。何もやっていない人には見えない景色であり、到達し得ないステージなのです。

　前例がないことは、リスクとトレードオフになる場合ももちろんあるものの、ほとんどはリスクを伴わず、またはリスクを抑えながらできることもたくさんあります。「前例なし＝リスク」という先入観はなくしてしまったほうがよいでしょう。

　「できる」「できない」ではなく、「やるか」「やらないか」。どうやったら実現させられるのか、どうやったらリスクを抑えられるのか。

　課題解決や新たな市民サービスの創出に向けた可能性を徹底的に探る中で、きっと官民連携が強力な手段の1つになってくれるでしょう。

官民連携マインド
５か条を心得る

▌官民連携で意識しておくべきポイント

　前章では、私が携わってきた官民連携の事例を紹介してきました。最初から意識していたわけではありませんが、少しずつ事例を重ねていく中で、官民連携プロジェクトをうまく進めるために意識しておくとよいポイントに気づきました。ここでは、その官民連携マインド５か条を紹介します。

▌１．腹を割った話ができる信頼関係を築く

　官民連携を通じて、１つの課題を解決する、あるいは新たな価値を生み出すためには、まさに官民が一体となって取り組む体制と関係性が必要です。

　これは官民双方に当てはまることですが、自分のやりたいことや組織の都合だけを考えていては、いつまで経っても話や動きがかみ合いません。一方で、どうしてもそれぞれの組織内で譲れないことや大切にしたいポイントは当然あるでしょう。

　官民連携では、それら双方のポイントをすり合わせる作業がとても重要です。そのためには、とにかく同じチームとして**腹を割った話ができる「信頼関係」をいかに構築できるかがカギ**となってきます。組織内の立場にとらわれることなく、自分の考えをさらけ出すとともに相手の考えも受け入れるオープンマインドが求められるのです。

　では、腹を割った話とは、どのようなことでしょうか。

　例えば、それぞれの社内調整の状況や、内部調整に難航している場合

はどのようなポイントで引っかかっているのかなど、ボトルネックとなっていることをしっかりと言語化し、相手に伝えて共通の課題認識を持つことです。

　仮に相手から、「実は上司から、△△という理由で○○の部分は受け入れられないと言われてしまいました」という回答をされたとしましょう。この場合、「では、△△という理由をなくせば問題ないということですよね？」と、**ボトルネックになっているポイントを確認・明確化すれば、どのような形でクリアできるのかを一緒に知恵を絞ることができます。** どちらかが遠慮して手の内を明かさず、何に困っているのかがわからなければ、その解決策を考える手前のところで止まってしまいます。

　また、打ち合わせを行う際は、あまり大人数ではなく、少人数で行うのがおすすめです。打ち合わせを大人数で行うと、どうしても形式的で堅苦しい雰囲気になり、腹を割った話がしづらくなります。

　このように、相手からの相談や提案に対して、しっかりとリアクションをし、相手に対してもリアクションがしやすいような雰囲気をつくることが大切です。リアクションがあると、しっかりと自分事として受け止めて考えてくれていることが伝わり、「この人なら腹を割って話したい」と思える関係が築かれていきます。

　そのうえで、官民連携における信頼関係には、「組織レベル」「個人レベル」の2階層があり、それぞれをしっかり確保する必要があります。

①「組織レベル」での信頼関係の確保

　まず、両者が互いに「連携に向けて話を進めていこう」という組織としての意思を明確にしたうえで、担当者や役割分担を決めていく必要があります。それができていれば、「組織レベル」での信頼関係はすでに確保できているといえるでしょう。

　その際には、取組みに対する考え方や方向性、スケジュール感などについての認識にズレがないか、そして、何より**相手組織のコミットメント（責任を持った関与）がどれほどのものなのか**を感じとることがポイントです。

　取組みの内容もさることながら、組織としてのコミットメントが中途

半端だと、必ず途中でかみ合わなくなり頓挫することになります。そのコミットメントの度合いについては、相手の言動をしっかり観察し、その思いや熱量を感じとるように心がけましょう。

互いに信頼し合える仲間として認め合うことができれば、そこからは相手の社内における立場や考え方にも寄り添いながら、どうすれば双方にとって最善の取組みになるかを議論し合えるはずです。

②「個人レベル」での信頼関係の構築

次に、「個人レベル」での信頼関係の構築です。

「この人には全幅の信頼をもって話ができる」

「この人に話をすれば、社内調整を何とかしてくれる」

「この人に質問や相談をすると、回答がしっかり返ってくる」

というような人を総括・窓口的なポジションに据え、両者間でのホットラインをつくります。そのホットラインを通じて、非常に安心かつスムーズに協議を進めることができるでしょう。逆に、こうした役割を担う人がいないと、どうしても責任と情報が分散してしまい、同じ組織内でも認識とモチベーションにズレが生じてくるため、留意しておきたいポイントです。

また、スムーズなコミュニケーションをとるには、その**連絡手段もこちらの都合だけでなく、可能な範囲で相手の要望も踏まえて対応**しましょう。SNSのグループチャットなどを活用すれば、やりとりが効率化されますし、心理的な距離感も不思議と縮まります。また、SNSを通じて自分がどんな人物なのかを知ってもらうことで、「□□市の担当者」から「○○さん」に相手の認識も変わってきます。

もちろん、扱う情報によっては職場のメールでやりとりすべきであり、うまくコミュニケーションツールを併用しながら使い分けるのがよいでしょう。

▌ 2.「100点満点」を狙わず、とりあえずやってみる

官民連携において「信頼関係」と同じぐらい大切にすべきことに「ス

ピード感」があります。

　行政では、失敗を恐れるあまりなかなかスタートを切ることができないことがあります。その気持ちは、とてもよくわかります。

　ただ、絶対に失敗のないよう、綿密な政策立案・設計ができればよいものの、新しい取組みは本当にやってみないとわからないことばかりです。誰にも正解はわかりません。

　そんな中で、100点満点を狙っていては、いつまで経ってもスタートを切ることはできません。「うまくいくか心配だなあ」ではなく、**「やってみないとわからないなら、まずはやってみよう」という発想に切り替えましょう。**

　うまくいくかどうか、全く読めない場合は、対象や実施期間を調整することで、予算をあまりかけない「実証事業」として極力リスクを抑えた形で取り組んでみることをおすすめします。

　それがうまくいけば対象や実施期間を拡大し、うまくいかなければその原因の検証結果を踏まえ、スキームを改善・再構築して再チャレンジするか、あるいは終了するかを判断すればよいでしょう。

　「前例がない案件に取り組む理由」(68ページ)でも触れたように、やってみてさらなる課題や可能性に気づかされることがあるのです。それが大きな価値といえます。

　だからこそ、100点満点は意識せず、「とりあえずやってみる」というマインドがとても大切なのです。

▌3．エラーやトラブルも「実験」と捉えて楽しむ

　すでに述べたとおり、新しい取組みはやってみないとわからないことばかりです。実証事業ではいろいろなことが起こります。

　例えば、ICTを活用した開発途上のシステムによる実証事業の場合、いくら気をつけてもエラーはつきものです。一方で、システムを開発・運用するのは民間事業者というケースがほとんどです。それだけに、連携する事業者の実績や体制についてしっかり事前にリサーチし、目指している水準に耐え得る信頼性があるかを確認しましょう。その際も、「エ

ラーは起こるもの」という発想のもと、エラーやトラブルが発生した場合のカバー体制までを確認しておくことが重要です。

　そもそも実証事業の目的は、新しいシステム・仕組みを実社会に問う「社会実装」を通じ、ステークホルダーがどのようなリアクションをするのか、課題や効果の検証を行い、その結果を踏まえて今後の事業化につなげることです。

　実証事業は、まさに新たな価値を実社会に生み出すプロセスなのです。そのプロセスを官民一体となって「エラーも含めた実験」と捉え、どんなことが起こっても楽しむぐらいの気持ちで乗り越えていくマインドを、周りを含めて醸成させることが大切です。そうすることにより、関係者すべての信頼関係・仲間意識が強まり、良い結果につながる可能性が高まります。

　また、先ほどはエラーを例に挙げましたが、「事例3：『Uber Eats』との連携による緊急事態宣言下における飲食店・家庭支援」では、反響の中から聞こえてきた声から新たな課題を見つけ出し、その後の「出前館」や「mobimaru」との連携につなげることができました。逆にいえば、Uber Eatsとの連携に取り組んでいなければ、その次の一手は生まれていませんでした。

　このように、**「やってみることによってさらなる課題やヒントが顕在化し、それを踏まえた次の一手を打つことができる」**という、良い方向の想定外が起こることもたくさんあるのです。

　こうした経験からも、新しい取組みはやってみないとわからないと実感しているので、毎回どんなリアクションがあるのか、ドキドキしながらも楽しみにしています。

❙　4．無理のない規模感で「スモールスタート」でやりきる

　実証事業実施までのスピード感や、実施中における一定の参加とそれに伴う効果を確保するとともに、その中で起こり得るエラーや課題に的確に対応できるよう、実施対象や地域などを絞って、無理のない規模感で「スモールスタート」することも重要なポイントの1つです。

　規模が大きくなると、それに伴って調整する関係者や事項も多くなるため、どうしても実施に至るまでに時間を要します。

　一方で、実証事業の効果を検証するためにも、参画者を一定数確保できるだけの規模感は最低限必要です。そのバランスに留意したうえで、「①課題・背景、②取組みの対象、③実施内容、④期待できる効果」のストーリーから構成されるスキームをしっかりとつくりましょう。

　もちろん、やってみないとわからないのですが、スキームが機能するよう、**できるかぎり不確実な要素は減らす**ことを心がけましょう。

　「実証事業を実際にスタートしてみたものの、誰も参画してくれることがない」といった事態に陥らないよう、対象となるステークホルダーをできるだけ巻き込み、あるいはニーズの聞き取りをすることで、最低限以上の参画を担保しておくことが大切です。

　例えば、第２章「01：フードシェアリングサービス『TABETE』を活用した食品ロス削減」では、地元で愛されているパン事業者有志に声をかけて、趣旨を十分に理解してもらったうえで利用店舗として登録してもらったので、各店舗のファンが自然と「TABETE」を利用することにつながりました。

　「02：傘のシェアリングサービス『アイカサ』を活用したまちづくり実証事業」では、傘のシェアリングサービスとして機能させるには「最低50スポットは必要だ」と連携企業である株式会社Nature Innovation Groupから話がありました。

　一方で、彼らの拠点は東京だったため、神戸の土地勘やネットワークがありませんでした。そこで、日々広げていた庁内外のネットワークも活用しつつ、設置するスポットを自ら開拓していきました。

　そしてある日、阪神電鉄もアイカサに興味を持っていることを聞き、早速担当者に会い、３者連携の話を持ちかけたのです。それによって、一気に目標のスポット数まで到達し、無事にスタートを切ることができました。これまでの他都市でのアイカサの利用実績を見ても、駅での利用が多いと聞いていたとおり、駅を中心に利用が進みました。

　このように、新しいスキームを確立するためには、それを機能・成立させるための必要最低限の規模を担保したうえで、まずは試験的に「や

りきる」ことが大切です。

やりきることで、仮説としてのスキームが機能したうえでの課題点や効果の検証を経て、その後の本格的な社会実装に向けたステップに進むことができます。ここで妥協をしてしまうと、本来想定していた水準の参加とそれに伴う効果を得ることができず、事業の再構築を迫られたり、場合によっては頓挫しかねません。

加えて、その後の持続的かつ面的な展開も視野に入れておく必要があります。**いつまでも事業のランニングコストを補助金や行政の予算で維持している状況では「持続的な事業」とはいえない**からです。

一方で、新規事業をスタートさせるまで、そして軌道に乗せるまでには、そのサービスを展開するフィールドと協力者を要します。そこで、その期間に限って官民一体となって取り組むという考え方です。この部分を官民連携で取り組む意義としては、行政が関わることによる安心感やまちづくりへの協力意識の醸成が一番大きいと実感しています。

これまで、ありがたいことに「まちのためになるなら」「課題解決につながるなら」と協力してくれる市民や事業者がたくさんいました。もちろんそこに至るまでに、取組みの目的や内容をわかりやすく説明し、丁寧に理解と賛同を得る過程を経ることが大前提にあります。

最終的には、課題解決や市民サービスの向上に資するサービスとして、市民あるいは事業者にとって必要不可欠なものになり、自ずと収益につながり、民間（サービス提供者）主導で自走、他のエリアへ横展開をしていく流れが理想の展開であると考えています。この最終的なゴールについて、連携する事業者と早期の段階で認識合わせをし、予算や補助金ありきではなく、徐々に自走していく形を目指してもらう前提で実証事業を進めていくことが肝心です。

▌ 5. やっていることを「発信」する

後ほど詳しく紹介しますが、私が関係者とコミュニケーションをとったり、情報発信・情報収集するなど、官民連携活動の基盤として利用してきたのがFacebookです。

Facebookでは、「こんなことを始めました」「こんなことに取り組んでいます」といった発信を積極的にするように意識しています。

事業をスタートさせるまでに相当の労力を要するため、並行して広報的観点まで考えをめぐらせることは容易ではありませんが、**「やっていることは知ってもらってナンボ」**。とにかくできるだけ多くの方に取組みを知ってもらい、できるだけフィードバックも受けるようにしています。すると、取り組んでいることに対する認知向上だけでなく、思いもよらぬアイデアや提案を投げかけてくれる人が現れることがあります。

第2章「04：コロナ禍における住宅団地へのキッチンカー提供実験」の実現に至ったのは、私がFacebookでUber Eatsとの連携についての投稿をしたところ、そのコメント欄にキッチンカー事業者から「何か協力できることはありませんか？」と提案があったことがきっかけでした。

「07：Facebook地方創生支援プログラム『コミュニティの力、起動！』」においても商店街関係者から、「商店街・小売市場を対象にしたSNSセミナーを開催してほしい」との要望があったと紹介しましたが、この関係者も私のFacebookを通じて取組みを知り、連絡をしてくれたという経緯があります。

このように、やっていることを発信することで、当初は想定していなかった次の展開に発展することがあるのです。

リアル・オンラインを
問わず、つながりを持つ

▍組織外のイベントに参加してみる

　本書の冒頭、第1章の「01：官民連携とは何か」では、基礎となる情報（ファクト）の収集をして、自分の「引き出し」を増やしていくことが、官民連携のアイデアの種につながっていくとお伝えしました。

　私は、官民連携の仕事に携わるまではIT・システム関連には苦手意識さえありました。大学で社会学を学んだ後、2007年に神戸市役所に入庁しましたが、生活保護のケースワーカーを2年、人事給与の制度担当を6年経験しました。

　そして、忘れもしない2014年度末のこと。係長試験に合格し、係長としての初職場がどこになるのか不安と期待が入り交じる中、異動で内示された配属先は**「情報化推進部ICT創造担当」**でした。

　具体的には、オープンデータの蓄積・公開を推進し、データを活用した政策立案を進めるとともに、ICTを活用した市民・事業者との協働と参画により、地域課題を解決するオープンガバメント社会の構築に取り組んでいくというものでした。

　驚き、そして正直何をするのかまったくイメージが湧きませんでした。なぜなら、毎年の異動に関する意向調査には、**苦手な分野に「システム関連」と書いていた**からです。

　すでに述べたとおり、それまでにITに携わったことは一切なく、日常生活でも先端技術的なものはどちらかというと避けるタイプ。最初はとまどいましたが、せっかくなので思いきりやってみようと自分に言い聞かせ、その世界に飛び込もうと覚悟を決めました。このような経験や感覚は、公務員の方であれば少なからずあるのではないでしょうか。

私はまず、関連する資料や記事を読み、基礎知識をできるだけ身につけていこうとしましたが、当時この分野は先進事例がそれほど多くありませんでした。つまり、実践的な事例がなかったため、資料や記事を読んで得られる知識自体も限られていたのです。

そこで、「わからないことは詳しい人や実践している人に直接聞こう」という発想で、とにかく業務に少しでも関連しそうなテーマのイベントを組織外で探し始め、興味を引くものから自分の感性を信じて積極的に参加していきました。

セミナーを聞くだけでなく、その後の交流会が勝負の場でした。そのイベントに、どのような人が参加していて、どのようなことを考え、どのようなことを実践している、あるいはしようとしているのかを吸収するため、たくさんの人と話をしました。

そして、直後にFacebookでつながり、特に印象に残った人とは改めて意見交換をしました。そのようにしていると、公務員では珍しい動きをするなと興味を持ってくれる人が増えてきました。

いろいろな人と紹介され合う関係を築く

組織外のイベントに継続して参加し続けていると、少しずつ顔なじみが増え、ありがたいことにその顔なじみが私を周りの方に紹介してくれ、交流の輪がどんどん広がっていきました。

もちろん、このような結果を狙って行動していたわけではありませんが、振り返るとそのような関係になる4つのポイントがあったのではないかと思います。

①信頼できる人

自身に置き換えて考えてみてください。ある人を友人に紹介しようと思ったとき、大前提として、その人が信頼できる人物かどうかをまず考えると思います。その点、公務員という立場はありがたいことに信頼感が大きいです。

また、自己紹介は積極的にしつつもコンパクトにするように心がけま

した。自分はどのような目的でこのような活動をしているのかなど、と
にかく自分が何者なのかをできるだけ包み隠さず簡潔に話すようにして
いました。一方で、いきなり初対面の人から長々と話をされ、引いてし
まったという経験は少なくはないはずです。もちろん、相手にとって面
白い話ができれば多少長くなっても問題ないものの、いきなり人の興味
をひきつけられる人は限られていると思いますので、**いかにわかりやす
くコンパクトに話の中で自分がどんな人間なのかを知ってもらい、信頼
してもらえるかが大切**です。

②印象的な人

　私も、人の興味をひきつけられるような話術は持ち合わせていません。
しかし、人に覚えてもらうことは今後の何かのきっかけにつなげるとい
う点でとても重要です。私の場合、いろいろな活動を通じて、「公務員
としては珍しい動き方をするな」と興味を持ってくれる人が増えました
が、それは一般的な公務員のイメージとのギャップを面白いと思っても
らえたのかなと感じています。

　このように、**ギャップで印象づけたり、あるいは「○○の人」のよう
にとにかくわかりやすくインパクトのある1点で印象づけることも効果
的**です。例えば、私は一時期、大好きなカレーと仕事のオープンデータ
を組み合わせた活動として、「#オープンデータカレー」というハッシュ
タグをつけて、Facebookにカレーの写真や情報を毎日のように投稿
していました。すると、「カレーの人」「カレー部長」といったイメージとセット
で自分のことを覚えてくれたり、コメントをくれたりする人がちらほ
ら現れました。

　最初はどういう形であれ、自分の存在が認知され、定期的にいろいろ
な人の頭の中に思い浮かべられるようになることもポイントの1つで
す。自分のことを人に印象づけられるような特徴のある趣味やアピール
ポイントをわかりやすく伝えるように心がけましょう。

③期待・ワクワクさせるような雰囲気を持っている人

　さらに、①と②のポイントに加えて、もう1つ重要な要素があります。

　それは、「この人を紹介したら面白いことになるんじゃないか」「紹介したら何か今後のアクションにつながるのではないか」という漠然としたものであってもいいので、**人を期待させ、ワクワクさせるような雰囲気を持っているかどうか**です。

　そのようなイメージを持ってもらえると、その場に居合わせていなくても、ある打ち合わせや雑談・交流の中で「○○さんに相談してみない？」「○○さんとこの人をつなげたら面白そう」と話題にしてもらえるようになります。私の場合では、そこから仕事につながることもたくさんありました。

④積極的に紹介してつなぐ

　最後に、もう1点大事にしていることは、①〜③の要素を持ち合わせている人がいれば、その人と相性が良さそうな友人・知人に積極的に紹介していくことです。

　一方的に紹介してもらうばかりでなく、③で紹介したようなシーンではためらわずにつなぎます。**素敵な縁をつなぎ合うことが官民連携の第一歩**であるとともに、その輪が広がっていく原動力になっていくのではないかと信じています。

用語や文化の違いを理解・吸収し、染まる

　これまで関わったことのない分野での仕事や交流で苦労するのは、当然ながら、まず用語がわからないことです。そして、仕事のスタイルや進め方などといった文化もまったく異なり、戸惑うことがあるでしょう。

　では、自分がある程度理解できている状態までになるには、どうしたらよいでしょうか。私はシンプルに恥ずかしがらずにわからないことは質問したり、こっそりとスマホで調べたりしながら、必死に議論に食らいついていました。もちろん関連する本を読むことも有効です。いきなり議論の中に飛び込む前に、まずは自分の興味や今後関わっていくことになりそうなテーマに関するセミナーに参加して、そこで使われる用語やトレンドを理解することもおすすめです。特に、一方的な講演だけで

なく、パネルディスカッションを聞き、複数人による掛け合いに慣れることも効果的です。

　それによって、用語の使われ方や文化、会話のスピード感にも自然と順応することができるはずです。最近はオンラインのセミナーも増えていますので、より気軽に参加することができるようになりました。

　用語や文化の違いについて、理解を深める方法は人によって異なりますが、とにかくその分野に関連する情報や文化を吸収し、どんどん染まっていくつもりで日々の議論や交流に臨みましょう。

　最初は不安や孤独を感じることもあるかと思いますが、前向きに関わろうという姿勢を続けていれば、必ず周りの方々が優しく受け入れてくれるはずです。

自治体の現状を把握し、課題を探る

▌ 課題を知らずして、官民連携はできない

ここまでに何度も、「課題を捉えてこその官民連携である」ということを述べてきました。しかし、自治体が抱える課題は多岐にわたるため、漠然と日々を過ごしていると、しっかりと課題ごとに現状を把握し、理解することはできません。

皆さんも、自分が所属する課に関連する課題は、日々の業務の中で情報が入ってくるでしょう。しかし、他の課が取り組んでいるような課題は、自分で積極的にキャッチしにいかないかぎり、認識できない場合が多いはずです。

そこで、最初は「浅く広く」でかまいませんので、市政全体あるいは社会全体において、どのような課題があり、それに対してどのような施策が進められているのかをできるだけ知っておくようにしましょう。

例えば、新聞を読んだり、毎日リリースされる記者提供資料をチェックしたりするだけでも、継続していくうちに、市政や社会の「見え方」が変わってきます。毎年度の予算とあわせて発表される各部署の主要施策にも目を通しておきましょう。

このように**インプットされる情報の幅を広げておくと、関連する情報がふと入ってきたときにも気づくことができる「感度」が上がります。**

例えば、第2章「05：フレイル予防をめざした高齢者向けeスポーツ実証事業」で取り上げた「フレイル」という言葉や課題は、取組みのほんの1か月前ぐらいに初めて知りました。

私は**「オンライン市役所」**という全国の公務員が地域や職場を超えて互いに課題や解決方法を共有して相談したり、積み重ねてきた貴重なノウ

ハウを共有したりできるオンラインプラットフォームの運営に携わっています。公務員が日々取り組む課題の多くは、特定の地域で固有のものではなく、全国共通の課題です。

「フレイル」という言葉は、まさに全国共通の課題である、新型コロナウイルス感染症対策について、オンライン市役所で情報交換をしている中で知りました。それをきっかけに私も問題意識を強く持つようになり、自分の自治体での取組みを調べ、担当者にもヒアリングをしました。

すると、その担当者から、**「これまでのフレイル予防・啓発の取組みはアナログがメインだったが、コロナ禍において非接触・非対面による手法が求められ、ICTの活用がまさに課題となっている」**という話が出てきました。そこで、以前から活用可能性を模索していたeスポーツやオンラインツールの活用を提案したところ、非常に興味を示してもらい、実際の取組みにつながったのです。

実は、それまでにもeスポーツを活用した官民連携の取組みについては、大きな可能性を感じ、様々な観点で検討していましたが、行政としてeスポーツを推進すること自体が目的ではなく、アプローチできる課題があってこそのeスポーツの推進であると考えていました。

どのような課題に対してeスポーツを活用し、それにより、どのような効果が期待できるのか。そのストーリーを組み立てるのに頭を悩ませていたのですが、幅広く情報をキャッチしようと心がける中で「フレイル」という課題を知ることができたからこそ、一気に取組みを進めることができたのです。

▌ 情報共有のタイミングによって、それ以上の意味が出てくる

官民連携の企画方針がある程度定まってきたタイミングで、私は企画部門や広報部門などにも情報共有をするようにしています。

ポイントは、あくまで「方針」が見えてきた、企画がまだ固まっていない段階で情報共有すること。具体的な取組み内容はこれから検討という状況でかまわないので、どのような民間事業者とどのような課題・目的に対して連携していくのかを情報共有することで、企画部門からは「そ

れなら○○課で進めていることと近いから相談してみては」などという助言や提案をもらえることがあります。また、広報部門から、「近々こんな発表が予定されているから、それとは時期をずらしたほうがよい」といった発表のタイミングに関するアドバイスをもらう場合もあります。

　企画部門や広報部門は、市役所中の情報が集まる部局です。そのような部局に所属する職員と日頃から情報交換できる関係性を築いておくと、とても心強いです。

　情報共有のタイミングとして、「あまりにも情報共有が早すぎると、伝えていた内容が変更になったり、場合によっては頓挫してしまったりする可能性もあるため、煮詰まっていない段階で情報共有するのは気が引ける」という人もいるでしょう。

　しかし、内容が固まったタイミングだと、情報共有を受けた立場からすれば「もうこの内容で決まっているのであれば、口出しは止めておこう」と、助言や提案を遠慮しがちです。

　早い段階で情報共有したとしても、受ける側の立場として、仮に変更があったからといって、「聞いていたことと違うじゃないか！」と怒る人はまずいません。特に企画・広報部門の職員であれば、同じような経験のある人は少なくないため、理解も早いでしょう。

　大切なことは、情報提供する際に **「まだアイデアレベルですが」「関係者の調整はこれからですが」** といったその情報のステータス（状態）をしっかり伝えるのを忘れないこと。それさえきちんと伝えていれば何ら問題ありません。

　私は面白そうなアイデアが思い浮かぶと、口癖のように「まだアイデアレベルですが」と冒頭に添えてアイデアをいろいろな人に話します。企画・広報部門だけでなく、そして市役所内に限らず、自分のアイデアを面白がって聞いてくれて、アドバイスや提案もしてくれるような信頼できる民間の人にも自分が考えていることを話してみます。

　そこでもらったフィードバックにより、アイデアの幅が広がったり、場合によっては連携パートナーとして参画してもらうことになったり、情報を単純に共有する以上の意味が出てくることがあるのです。

もう１つ大切なのは、**最終的にどのようになったのか、情報共有して**
アドバイスや意見をくれた人への報告とお礼を必ず行うこと。相手もア
ドバイスしたものの行く末は気になるでしょうし、その一報をするだけ
で信頼感につながります。

　逆に、話を聞く立場として相談を受けることもありますが、その際は
しっかり話を聞き、自分なりにベストの意見やアドバイスをできるよう
尽くしています。何事においてもお互いさま、持ちつ持たれつの信頼関
係。それが"つなぐ官民連携"のベースにあるものです。

「公」のマインドを持つ人を民間から見つけ出す

▎社会課題を解決したいという素直な想いを感じとる

　官民連携では、しっかりと社会課題・ニーズを捉えて「何をするか」はもちろん重要ですが、**企画立案から実行までを「誰とするか」はもっと重要である**といっても過言ではありません。

　行政と民間が一体となって知恵を絞り、汗を流し、共通の課題解決に取り組み、新たな価値を生み出す。それが官民連携の醍醐味ですが、「言うは易し、行うは難し」で、簡単に誰とでもできることではありません。

　官民連携の協議や実際にプロジェクトを進めていく中で、ときには考え方が合わずに、官民どちらの立場に限らず妥協を求められる場面があります。そのような局面でも「社会課題を解決する」という目的を見失わないことが求められます。互いにとって最善の官民連携の形を導き出すために、腹を割った話ができる人がそれぞれに揃っているかどうかが、プロジェクトの成否を分けます。

　それでは、どのように連携パートナーを見つけ出せばよいのでしょう。最も大切なのは、**「課題認識と温度感（ワクワク感）」**を互いに共有し合える相手であることです。

　民間企業は、もちろん基本的に営利活動が目的ですが、それとはまた別の次元の理念として、会社の存在意義、いわゆる「パーパス」と呼ばれるものを意識する企業も増えてきました。あるいは、個人的に「社会課題を解決したい」という素直な想いを強く持っている人もいます。

　このように、民間企業にいながら、社会や日々の暮らしをより良くしたいと「公」のマインド（パブリックマインド）を持って活動している人は、行政と同様に日頃から社会の課題について考え、アプローチしてい

るので、意見交換するとまさに「課題認識と温度感（ワクワク感）」を共有できるのです。

　一方で、民間企業である以上、自社の利益を全く度外視することは難しいでしょう。サービスの展開など今後の足掛かりを見据えたものであることも一定理解したうえで、互いにとって意義のあるバランスの良い連携事業を両者で模索しましょう。

　感覚的なものになってしまいますが、その模索をする中で、**「この人と一緒に仕事をしてみたい」「この人となら新しい価値を生み出せそう」**といったワクワクしたものを感じたら、私はその直感を信じて、ともに前へ進みましょうと働きかけます。

　このように、課題認識（目的）の共感、そしてその課題解決を何とかして実現したいというモチベーションの共感ができてこそ、官民一体で様々な障壁を乗り越えられるチームとして機能します。

▌官民連携の価値は「相乗効果」

　「官民が一体となって課題解決に取り組むことが、どのような価値につながるのか」

　これは、私が官民連携の取組みを考える際にいつも意識することです。

　官民連携による価値は、双方がこれまでに取り組んできた課題解決のアプローチを組み合わせることによって生じる「相乗効果」ではないかと考えています。

　「課題を解決したい」という共通の目的のもとに取り組むそれぞれのアプローチは、官と民という立場の違いはあっても組み合わせると相性が良く、まさに相乗効果を期待できることが多いです。

　第2章「01：フードシェアリングサービス『TABETE』を活用した食品ロス削減」の取組みでは、食品ロス削減という非常にわかりやすい官民共通の課題がありました。

　先述のとおり、神戸市も食品ロス削減を推進する施策を展開していましたが、フードシェアリングサービスという新たな形で食品ロス削減を進めるTABETEと組み合わせることで、より効果を得られるはずだと

取組みを進めました。

　TABETEの強みは、飲食店とユーザーが直接つながるフードシェアリングの仕組み（スマホアプリというプラットフォーム）を持っていることです。既に東京を中心に他のエリアでもユーザーが定着しつつあることも行政としては心強いことでした。

　一方で、このようなプラットフォームを新規エリアで展開し、ユーザーを確保することは容易ではありません。そこで、行政の強みである地元事業者とのつながりを活かし、地元で愛されているパン事業者有志に協力してもらうことで、非常に良いスタートを切ることができました。

　このように、それぞれが持つ強みを理解し、最大限活かし合うスキームを考え、そのスキームを通じて課題解決や豊かな社会につなげていくことが官民連携の本質ではないでしょうか。

第 **4** 章

[STEP 1]

ニーズを探り、
洗い出す

官民連携の実務は、課題（ニーズ）を捉えることから始まります。
その課題を解決するにはどうすればよいのか。
また、既に関連のある施策はないのか、
足りないところは何か。
これらを分析することが求められます。

大きすぎる課題は
「分解」する

取材での課題（ニーズ）の捉え方

本章からは、官民連携における実務の流れを具体的に解説します。

あくまでイメージですが、官民連携事業のフェーズは、大きく4段階に分けることができます（図表17）。このフェーズごとのポイントを順に説明していきましょう。

まずは「①取材」での課題（ニーズ）の捉え方やアプローチの仕方について説明します。

図表17　**官民連携　実務の流れ（イメージ）**

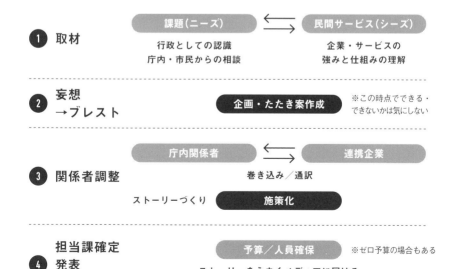

▌ 官民連携だけで、大きな課題は解決できない

　課題の規模や取り巻く問題は千差万別です。例えば、「空き家問題」と一括りにいっても、空き家に至るまでの経緯など取り巻く問題は多種多様で、解決する手法もそれぞれの問題に対応するものを用意する必要があります。その問題が発生するリスクを抑える手法もあれば、空き家になってしまったものを利活用する手法もあります。あるいは、手法を用意しているにもかかわらず、周知が不十分で使われていない、という広報的な問題があるかもしれません。

　このように、多様化・複雑化する行政課題を一括りにして1つの施策で解決できるようなケースはほぼ皆無といえるでしょう。そこで必要な作業として、課題の「分解」があります。簡易なイメージになりますが、課題の分解の流れを図に表したのが、図表18です。

　取材を通じて得た事実をもとに、課題を構成する問題点を洗い出し、細分化します。そして、それぞれの問題に対応する施策があるかどうか

図表18　課題の分解（イメージ）

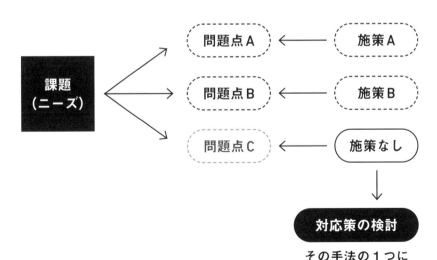

を確認・整理します。対応する施策がなければ、その問題をさらに深堀りしながら有効な施策を検討していきます。

　その施策は、問題の内容によっては補助金が適切なのかもしれませんし、新たな支援事業を実施することなのかもしれません。あるいは、既存事業のプロモーションを強化することなのかもしれません。この**事業実施や既存事業のプロモーション強化に、民間企業が持つ技術やノウハウを取り入れることが「官民連携」**です。

　言い換えると、「官民連携」は問題を解決するための１つの手法にすぎないのです。

▍分解した問題をどのようにして解決できそうかを考える

　高齢者のフレイル予防という課題で考えてみましょう。

　神戸市ではコロナ禍以前から、フレイル対策の３つの柱である「社会参加」「身体活動」「栄養（食・口腔）」をバランスよく取り組むことが重要であるということを市民へ広報紙やパンフレットなどを通じて啓発するとともに、具体的にフレイルの予防や改善を支援するプログラムを提供するなど、積極的に施策を展開しています。

　一方で、取組みの対象者である「高齢者」は、65歳以上かつ趣味趣向・特性も異なる非常に幅広い方々になります。年齢に限らず、もちろん人とのコミュニケーションに対する得意・不得意もあるでしょうし、情報収集の手段も新聞や雑誌あるいはインターネットなど様々です。

　実際に担当者からの取材などを通じて、アナログによるアプローチが中心の既存施策ではなじまない層も存在することから、デジタルを活用した施策も検討する必要があるという問題点が見えてきました。

　フレイル対策として３つの柱はともに重要ですが、社会とのつながりを失うことがフレイルの「最初の入口」といわれています。積極的に「社会参加」を取り入れることを推奨している中で、コロナ禍の影響でより一層デジタルの活用が求められる状況となったのです。

　この問題に対し、非接触・非対面でも社会参加ができるeスポーツを活用するという「対応策」を思い至ったわけですが、当然ながら、行政単

独ではシステムやコンテンツの提供は不可能です。そこで、かねてより
eスポーツの可能性をともに探っていたNTT西日本の賛同・協力を得
て、連携に至りました。

　eスポーツの活用もあくまで手法の1つですから、eスポーツに限ら
ず、SNSなどデジタルツールを活用して、フレイル予防の啓発や社会活
動の効率化や参加障壁を下げることにもつなげられればと考えていま
す。

　このように、課題の実態を把握し、分解したうえで既存施策との対応
関係を整理すると、デジタルの活用により、その足りない部分を補足で
きるケースが多々あります。それだけ**行政の施策や市民サービスには、
デジタルによる改善・効率化、付加価値化の余白が残されている**のだと
思います。

　デジタルだけでなく、エンターテインメントなど、これまでは行政と
は交わることが少なかった分野の力の活用も考えていくと、解決手法の
バリエーションも広がっていくはずです。そんなとき、まさにデジタル
やエンターテインメントのプロフェッショナルである民間企業にいる仲
間が心強い味方になってくれることでしょう。

官民連携を目的にせず
「課題起点」で考える

「サービス起点」から「課題起点」に切り替わった瞬間、
一気に進む

ニュースで話題になったり、仕組みとして面白く、どこか行政におけ
る活用の可能性を感じさせられたりするサービスが登場した際には、そ
のサービスを起点にした議論が始まることがよくあります。

では、サービス起点の議論から、どのような経緯をたどって官民連携
が実現するのでしょうか。「Uber Eats」との連携に至った経緯を例にし
ながら、紹介します。

私とUber Eatsとのつながりは、コロナ禍以前から既にありました。
連携することになる半年前ぐらいに、市長とシェアサイクルに関する議
論をしている際、私が発した「最近Uber Eatsの配達をしている人をよ
く見かけるようになりましたね」という何気ない一言で、市長はUber
Eatsのサービスに関心を持ったようでした。そこで、改めて後日サー
ビスの仕組みについて説明することになりました。

それがきっかけでUber Eatsとの関係ができました。共通の知人を介
して、Uber Eatsの担当者からサービス概要の資料を共有してもらい、
市長に説明しました。すると、「このサービスを行政が活用することで、
課題解決につなげられる仕組みは考えられないか」という話になったの
です。まさにサービス起点の議論といえます。そこから、さっそく
Uber Eatsの担当者と意見交換と試行錯誤を繰り返したものの、なかな
か手応えのある企画を生み出せずにいました。

それから数か月後の2020年4月、新型コロナウイルス感染症が急速
に拡大している状況下で、当時の副市長から、**「飲食店がデリバリーへ**

転換する支援のために、**Uber Eatsの仕組みを活用できないか検討してほしい**」と指示が入ります。

その瞬間、サービス起点から課題起点の議論に切り替わったのです。Uber Eatsとの連携はあくまで手段であり、コロナ禍の影響により飲食店がデリバリーやテイクアウトへの「業態転換」を迫られている状況を何とか支援できないかという明確な課題が設定されました。

Uber Eatsの担当者もこちらの提案に賛同してくれ、ものすごいスピード感で実現に向けて伴走してくれたおかげで、**たった2週間の協議で支援策の発表にこぎつけることができました。**

最初はどのようなことができるか手探りでしたが、すでに担当者間での顔合わせもできており、サービスの仕組みはしっかり理解していたため、スムーズに本質的な議論に入っていくことができました。

結果オーライともいえますが、**サービス起点の議論があったからこそ、ここまでのスピード感を出せた**のだと思います。

そして、課題が具体的に固定されたことにより、「民間サービスの活用方法として、官民の両者が互いに協力してどのような仕掛けにすると課題解決につながる効果を最大化できるのか」という議論に集中することができました。

このように、官民連携の議論は「サービス起点」から「課題起点」に切り替わった瞬間、一気に進むのです。

▌ 課題を多角的に検証する

「課題＝誰がどのようなことに困っているのか」

これは、あくまで手段である官民連携を目的にしてしまう罠に陥らないよう、意識するようにしている言葉です。

「誰がどのようなことに困っているのか」は、行政の立場でも推測はできるものの、当事者ではない以上、本当に理解できているとは限りません。

実際に、私が取り組んだコロナ禍における「飲食店・家庭支援策」では、苦境にある飲食店や緊急事態宣言による自粛生活で困っている家庭な

ど、様々な声を直接聞くことで、まさに「誰がどのようなことに困っているのか」という具体的な課題を把握することができました。

飲食店と一口にいっても、店舗の規模や立地、業態の違いはもちろん、様々な異なる事情を抱えており、**それぞれに応じたきめ細やかな対応**が求められていました。これは先ほど解説した「課題の分解」にもつながることです。その具体的な課題を把握していった経緯を紹介していきます。

新型コロナウイルス感染症拡大の影響を受け、中小企業等を対象とする補助金施策も様々なものが準備されていました。しかし、このような補助金は事業完了後の実績報告の審査を経て補助金が交付される仕組みとなっているものが大半であるため、当面の支援策を合わせてスピード感を持って提供する必要がありました。

まずは、とにかく「スピード重視」という観点から、関わりのあったUber Eatsとの連携に着手しました。支援スキームとしては、Uber Eatsを通じて割引をする場合、本来は店側が割引分を負担するところを、Uber Eatsと神戸市とで助成するというものです（32ページ参照）。

これは、Uber Eatsの担当者との協議の中で生まれた神戸市オリジナルの支援スキームです。Uber Eatsは、配達料やサービス利用料が上乗せされる関係で、どうしてもやや割高になりがちですが、その部分を少しでも軽減できればと考え、このような形にしました。

また、例えば、小学生がいる家庭では、緊急事態宣言により小学校が休みになり家にいることで、3食しっかりご飯を作らないといけなくなるなど、家事の負担が増えている状況にもありました。そこで、デリバリーサービスの利用料を安くすることで家庭への家事軽減という形で支援につながればという発想で考えたのです。

一方で悩ましかったのが、配達員がいない関係でデリバリーの対象エリアが一部の行政区だけに限られていた点です。市の施策で、区によって差が生じるのはどうかという思いもありました。結果的にすべての区をデリバリー対象とはできなかったものの、せめてデリバリー対象外の区でも何らかの支援を用意できないかと交渉し、市内全エリアにおいてUber Eatsを通じてテイクアウトを利用できるようにしました。さらにUber Eats側の負担でテイクアウトのサービス利用にかかる飲食店の手

数料を約4割減免してもらえることになりました。

　すでに述べたとおり、多数の問い合わせがありましたが、数日後には FAQを作成し、一般的な問い合わせについてはコールセンターで対応しました。一方で、それ以外の問い合わせやお叱りについては、すべて自分が直接対応し、話を聞くようにしました。実際に困っているからこそ電話をしてくるわけで、その話が次の施策につながるヒントになるのではないかと思ったからです。

　やはり、Uber Eatsのデリバリー対象外エリアの飲食店・市民の方々への支援も必要ではないかと考えていたとおり、たくさんの要望がありました。

　次の一手を考えなければと思っているうちに、知人の紹介がきっかけで、「出前館」の社長が直接会いに来てくれたのです。話を聞くと、出前館はデリバリー情報のプラットフォームとして、山岳エリア以外は市内全域をカバーしていること、また、安全面を特に重視して取り組んでいることを強調されていたのが印象的でした。

　そして、出前館には2つの配達形態がありました。①配達員が自前でいる場合は出前館のプラットフォームに掲載して売上げがあれば、その商品代金の10%に当たる金額がサービス利用料として差し引かれるというもの、②配達員がいない場合は出前館の従業員が代わりに代行してくれるもの。こちらの場合はその配達代行にかかる手数料がさらに差し引かれます。

　出前館との連携による支援策としては、サービス利用料（商品代金の10%）の半額を神戸市と出前館が3か月間助成したり、配達代行手数料の一部を出前館が助成するものとしました。この飲食店を支援するスキームもまた神戸市オリジナルです。

　こうして、デリバリーサービスを活用した飲食店・家庭支援のバリエーションを広げていきましたが、郊外にあるニュータウンエリアでは近隣に飲食店がそもそも少ないため、デリバリーサービスの利用も限定的で、十分な支援になっていませんでした。これも実際に市民から寄せられた声から改めて認識した課題でした。

　「感染が拡大している状況で、小さな子どもを連れてスーパーに行く

ことは避けたいが、住んでいる地域ではデリバリーサービスも十分に利用できない。何とかしてほしい」という声です。

　これは、「課題＝誰がどのようなことに困っているのか」が具体的です。これに、先述したキッチンカー事業者からの提案がぴったりはまるぞと頭の中でつながり、一気に施策化へ進みました。実際に具体的な課題、困っている人の声を聞いていたからこそ、これらのニーズとシーズを頭の中で結びつけられたのだと思います。

　このように、**「大きな課題」には、困っている人たちが多面的に存在する場合があり、そういう点でも現状の施策で本当に十分なのかどうかを検証する必要があります。**そのためには、やはり異なる立場からの声をできるだけ広く聞くことが大切です。

┃ 官民連携以外の手法で補完することも考える

　コロナ禍における飲食店・家庭支援はまだ終わりません。官民連携は手段にすぎず、万能の特効薬でもありません。官民連携でカバーしきれない部分は、他の手法を講じる必要があります。

飲食店の中にはデリバリーサービスを使いたくない、あるいは使えない店もあります。その理由も様々です。店舗にインターネット環境が整っていない、どうしても使い方がわからない……。そんなお店にも別の形で支援することはできないだろうかと考えました。この場合、プラットフォームサービスを使うことはできません。

では、どのような支援があればよいのか──。

普段ランチで行きつけのお店の女将さんに雑談もまじえながら話を聞くと、「急速にテイクアウトやデリバリーを導入するお店が増えてきている中で、そのノウハウがないまま始めているお店が急増していることに危機感を感じる」というのです。それは食中毒のリスクです。まさに同じタイミングで、市役所内部でも同様に食中毒を懸念する話が挙がり、対策を考えるよう指示を受けました。

テイクアウトやデリバリーは、調理から喫食までの時間が長くなるため、食中毒のリスクが高まります。そのため、テイクアウトやデリバリーによる食品の提供は、食中毒のリスクを十分に理解したうえで行うことが重要です。

コロナ禍でただでさえ打撃を受けている飲食店にとって、さらに食中毒が発生しようものなら致命傷になりかねません。そのリスクを少しでも抑えられないかということで考えたのが、「テイクアウトスターターキット」の配付です。

飲食店が食事提供方法をテイクアウトやデリバリーへ安全・安心にシフトする支援として、新型コロナウイルス感染拡大の影響を受けて、テイクアウト・デリバリーへのシフトを行った、または行う予定の市内中小飲食店を対象に、テイクアウトやデリバリーに必要な容器、そして飲食店・市民等への衛生管理啓発を行うためのリーフレットを配付しました。これもまた全国初の取組みです。

この頃、外出自粛による巣ごもり需要の影響からか、ホームセンターが混雑している状況で、飲食店が新たにテイクアウト用の容器を入手する費用面・心理面の両面で負担を軽減できないかという課題。そして、テイクアウトやデリバリーのノウハウがない飲食店に適切な情報を届けることで食中毒のリスクを抑えたいという課題。**その２つの課題を組み**

合わせてはどうかと考えたのです。

　行政が衛生管理啓発リーフレットを単にホームページなどに掲載したところで、その周知には限界があります。その情報をいかにすばやく的確に届けられるのかを考えたときに、この「テイクアウトスターターキット」の配付という施策であれば、同時に2つの課題を解決できるということです。

　リーフレットについては、専門知識を持つ保健所と連携しながら作成。テイクアウトやデリバリーにおける衛生管理ということで、通常の店舗ですぐに食事する場合とは違って、食事を調理する「飲食店用」に加えて、その食事をデリバリーする「配達者用」、手元に届いてから食事をするまでの行動を決める「購入者用」も用意する必要があり、その対象ごとに届けるべき情報も異なるため、3種類のリーフレットを作成しました。

　容器の確保やリーフレットの制作、受付・配送業務については事業者へ委託のうえ、この支援策を発表したところ、申請受付開始日の即日で第1回目募集の定員100店舗からの申請という、想定を上回る反響がありました。その後も募集を行い、200店舗以上にスターターキットを配付しました。

図表21 衛生管理啓発リーフレット

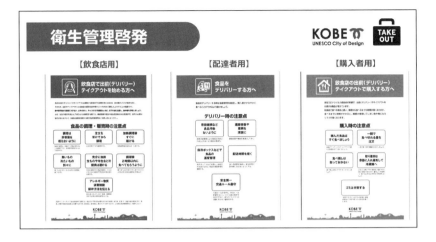

図表22 Uber Eats・出前館の協力を得た啓発体制

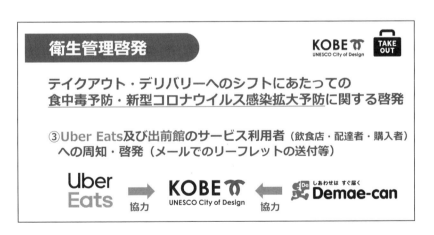

　また、衛生管理啓発用リーフレットについては、他の自治体からの「活用したい」という要望を受け、そのデータを「jpeg形式」「ai形式」「pdf形式」「txt形式」の4形式で、オープンデータとして神戸市ホームページに掲載しました。

さらには、既に連携していたUber Eats及び出前館の協力を得て、各サービス利用者等（飲食店・購入者・配達者）への食中毒予防と新型コロナウイルス感染拡大予防に関する啓発（メールでのリーフレットの送付等）を行うこともできました。

　ここに至るまで、Uber Eatsとの連携をきっかけにつかんだ課題は本当に様々なものでした。

　それらの課題に対して、「できるだけ多様な支援策を用意することが、飲食店をはじめ困っている方々の選択肢を広げることにつながる」と考え続けた結果が、一連の支援策といえます。

　官民連携はあくまで手段。目的は課題解決です。官民連携以外の手法も含めて目の前の課題に最適な手法を考え、必要に応じて組み合わせていくことが大切なのです。

関連する施策を把握し、関係性を整理する

既存施策で届いていない部分を探る

　新しい事業を始める際、皆さんはどのようなことに気をつけていますか。

　当たり前のことかもしれませんが、私は新しい官民連携の事業を始める際には、**既に似たような施策がないか、あるいは関係しそうな施策はないか、**関連部署を中心にしっかりと取材をするようにしています。

　コロナ禍のような突然発生した課題は別として、既存の課題であればそれを担当・所管する部局があり、その部局が既に取組みを進めていることは珍しいことではありません。

　しかし、繰り返し述べてきたとおり、1つの施策だけで大きな課題を解決できることは稀です。そこで、取組みの穴を探すわけではありませんが、現状として行き届いていない部分がないかを調べてみましょう。

　聞きにくいことかもしれませんが、実際に担当している部署が最もその状況を把握・認識しているはずなので、「フラットに」聞いてみるのもよいと思います。

　あくまで中立的に状況を教えてもらうスタンスで、全体像を聞いていくうちに、「実はこの部分がまだこれからなんですよね」と、自然と課題として認識されているポイントを話してくれると思います。

　重要なのは、**決して最初から課題点があると決めつけた聞き方や、粗探しをするような姿勢はとらない**こと。その担当者とは対峙する関係ではなく、同じ立場で課題について考える関係性になれるように心がけることが大切です。

　このように既存施策があると、「棲み分け」を整理するなど、調整しな

ければならないことが出てきます。しかし、せっかく既に展開されているものがあるのですから、うまく連携・活用する方向に持っていくことで、相乗効果が得られて市全体の政策としてパワーアップすることが期待できます。

　その連携・活用に向けたポイントとなるのが、先ほど言及した「棲み分け」です。既存施策のメインターゲットはどのような対象にしているのか、どの程度課題に対してアプローチできているのか、といったことを取材・分析することで、既存施策で届いていない部分も見えてきます。

▎既存施策との連携の可能性を探る

　例えば、第2章「01：フードシェアリングサービス『TABETE』を活用した食品ロス削減」の取組みでは、私がTABETEとの連携に着手した時点で、食品ロスという課題に対し、市民・事業者・行政が一体となり食品ロスの削減を推進する食品ロス削減協力店制度「goodbye food loss,KOBE」が既に展開されていました。

　しかし、スーパーやコンビニなど比較的大きな小売店を中心に取組みが広がりつつある一方で、小規模な小売店へのアプローチが課題として残されていることが、関係部局への取材でわかってきました。

　そこで、その関係部局の協力のもと、小規模な小売店でも食品ロス削減だけでなく利益創出の効果もあわせて期待できるTABETEと「goodbye food loss,KOBE」が、それぞれの登録店舗に対して互いにPRをし合う仕組みにすることで、両者の認知向上と参加店舗・利用者の拡大につなげる形にしました。

　さらに、市民のエコアクションを促進する神戸市オリジナルのスマホアプリ「イイことぐるぐる」についてもダウンロード数を伸ばしていきたいという課題もありました。そこで、こちらもTABETEとの相互PRができる仕組みもセット（「イイことぐるぐる」のポイント対象メニューにTABETEの利用を追加／TABETEユーザー向けに「イイことぐるぐる」の紹介メールを配信）しました。

　SDGsが注目されている中で、同じ分野で既にやっているものがある

図表23 「TABETE」と既存施策との掛け合わせ

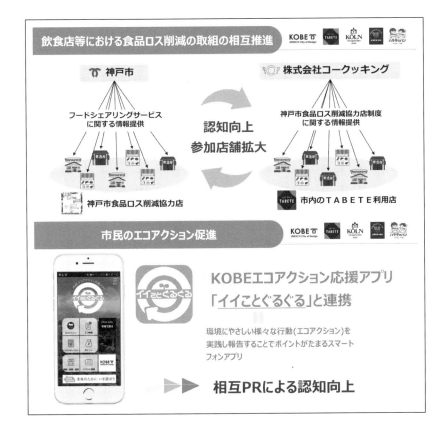

からといって諦めるのではなく、チャンネルを複数用意することにより、市民や事業者が生活・業態のスタイルにあわせて気軽に参加しやすくなるという点で意義があると考えたのです。

　特に**食品ロスのように、関係する対象が幅広いものほど、アプローチも複数の方法を想定しておくべき**ではないでしょうか。

第 **5** 章

シーズを見つけ、
マッチングする

当然ながら、民間サービス(シーズ)なくして、
官民連携はあり得ません。
本章では、課題(ニーズ)を解決するために
最適なシーズの探し方、
具体的にマッチングさせるためのコツなどを紹介します。

官民連携の実現可能性を高めるには

妄想→ブレストまでのプロセス

前章では、官民連携の実務フェーズの「①取材」のうち、課題（ニーズ）の捉え方やアプローチの仕方について説明してきました。

次に、官民連携による取組みの特徴や印象を大きく左右する民間サービス（シーズ）へのアプローチについて考えてみましょう。本章では、取材やそれを踏まえた「②妄想→ブレスト」までのプロセスを説明していきたいと思います。

図表24　官民連携　実務の流れ（イメージ）※再掲

❶ 取材	課題（ニーズ） ⟵⟶ 民間サービス（シーズ）
	行政としての認識　　　　　企業・サービスの
	庁内・市民からの相談　　　強みと仕組みの理解

❷ 妄想→ブレスト	企画・たたき案作成　※この時点でできる・できないかは気にしない

❸ 関係者調整	庁内関係者 ⟵⟶ 連携企業
	巻き込み／通訳
	ストーリーづくり　施策化

❹ 担当課確定 発表 実行	予算／人員確保　※ゼロ予算の場合もある
	ストーリーをうまくメディアに届ける
	進捗管理と効果検証は重要

▍知っているかどうかで雲泥の差

　まずはとにもかくにも、世の中にどのようなサービスがあるのか、できるだけアンテナを高く広く張り巡らせて情報を得ることからです。関連する情報を１％でも知っていることで、アイデアや着想につながる可能性に差が出てきます。

　当然ながら、アイデアのもとになる情報を知らなければ何も起こりません。**断片的にでもアイデアのヒントにつながりそうな情報が記憶の片隅に残っているだけで、何かの拍子に頭の中で引っかかり、つながることがあります。**

　私の場合は、SNSやWEBニュースなどのメディアから、さらにはセミナーやその後の交流会などで、できるだけ最新情報を得るように心がけています。中でも、感度の高い友人とFacebookでつながっていると、いち早くトレンドに乗ってきそうなサービスに関する情報が流れてきます。あるいはその友人などを介して面白いサービスを紹介してもらうこともあります。

　とはいえ、世の中には様々なサービスがあふれかえっています。普段の情報収集の意識としては、好奇心のおもむくまま、偶然の出会いを楽しむぐらいの気持ちでよいでしょう。まずは浅くても知っていることが大切。「こんなのがあるんだ〜」というレベルでかまわないので、どんどんインプットしていきましょう。それが何かの拍子にアイデアを考える際のフックとして役立つ「引き出し」になっていきます。

　引き出しに入れておくかどうかの判断基準としては、あるサービスに関する情報を見たときに、行政がそのサービスを活用したり関わったりすることによって、公共の福祉や地域の活性化につながりそうなイメージを持てた場合には、「引き出し」としてストックしておくとよいでしょう。

　そして、もし関連のある話題になったらすぐに取り出せるように、そのサービスに関するWEBサイトのリンクや資料をフォルダにまとめて保存しておく。この一連の行動を習慣として身につけておくことをおすすめします。

会議室以外にも、連携のヒントがある

　そもそも、連携のアイデアというのは、どのようなタイミングで生まれるのでしょう。自分の頭の中で生まれることもあれば、民間の担当者との対話の中で生まれることももちろんあります。しかもそれは、**最初から連携に向けた打ち合わせの場というよりも、他愛のない雑談から生まれる**ことのほうが多いように感じます。

　具体的に仕事としての用件がない場合でも、例えばランチに一緒に行き、お互いの近況報告などをする中で、「今こんなことに困っていて」「こういうことをしようとしてるんですが、力になってくれそうな人いませんかね」といった雑談から、「それなら知り合いでこんな人がいるので紹介しますよ」「うちもこんなことをしていて一緒にできそうですね」と、次の展開につながることがあります。

　ランチに限る必要はありません。たまたま同じセミナーに参加していて知り合った人と、セミナー後の懇親会やその帰りの電車の中で情報交換するのもよいでしょう。名刺交換をしていきなり会議室で打ち合わせとなると、どうしても互いに身構えて堅くなってしまいがちですが、こうした「余白の時間」に雑談することで、会議室では出ないプライベートな話題も含めて、お互いの人柄や考えもわかります。

　もし懇親会での話が盛り上がり、その場で面白いアイデアが出たら、翌日お礼のメッセージも兼ねて、そのアイデアの実現に向けた連絡をしましょう。

　そして、改めて、できること・できないことを互いに整理したうえで、正式な打ち合わせに臨み、内容をブラッシュアップ・精査していきましょう。新型コロナウイルス感染症拡大の影響を受け、オンラインでのミーティングが全盛ですが、このように一度だけでも顔を合わせて話し合っておくと、相手のタイプや話の間合いなどもわかって、その後オンラインに移行してもスムーズなコミュニケーションがとれるはずです。

SECTION 02
民間サービスの
背景や特徴を理解する

▌ サービスの「仕組みと強み」を理解する

いよいよ実際に連携できそうなアイデアが浮上してきたときのネクストアクションはどうするのか──。まずは相手のこと（企業そのものやサービス・事業の内容）を深く知り、理解することからです。

その民間サービスに関する話を聞く際には、その企業やサービスが持つ強みであったり、どのようなステークホルダーが関わり、どのようなビジネスモデルなのかをしっかりと聞き取り、理解するようにしましょう。**自らが他の人にそのサービスのことを具体的に説明できるかどうかが「理解」の目安**と考えるのがよいでしょう。

いくら自分が面白いサービスと思っていても、上司に説明できなければ企画は進められないし、活用するサービスを理解できていないと、そもそもきちんとした企画を考えることはできません。

そこで、以下のような手段でリサーチするとよいでしょう。

①概要資料を入手する

民間企業側の担当者と既につながっているのであれば、活用・連携したいと思っているサービスの概要がわかる資料を提供してもらい、内容を説明してもらいましょう。

その際には、企業のビジョンやパーパス（企業としての存在意義）、サービスが生まれた背景やビジネスモデル、今後の展開など、まさに新聞記者になったような気持ちで取材し、深堀りします。その取材が、連携するにあたってのスキームづくりや内部説明での説得力につながってくるからです。

なお、そもそも対象の民間企業の担当者とつながっていない場合もあるでしょう。

　その場合は、その企業が主催しているセミナーやイベントなどに参加する、あるいはホームページから問い合わせするなどすれば、何らかの手掛かりがつかめるはずです。

　なお、Facebook等のSNSを通じて、つながっていそうな知人に紹介を依頼したり、既に連携を行っている自治体担当者に紹介してもらえないか相談したりすることも有効です。

②実際に連携している自治体担当者に聞いてみる

　実際に連携している自治体の担当者にヒアリングを行う場合は、自分が調べられる範囲でしっかり勉強したうえで臨むことが重要です。

　私は何度か、サービスの内容や仕組み、どのような内容で連携しているのかを理解していない相手からヒアリングを受けた経験があります。

　ヒアリングを受ける側の立場からすれば、相手がよく理解しないままヒアリングに来ているのは、少し会話をしただけですぐにわかります。

　ヒアリングを受ける側に、親身に対応する気を失くされてしまっては元も子もありませんし、そもそもを理解していないと、深い質問はできません。せっかく実際に連携している担当者から生の声を聞くことができるチャンスなのに、もったいないと言わざるを得ません。

　逆に、「よく調べているな」というのもわかります。そんな方には親身になって丁寧にお伝えしようという気持ちになりますし、場合によっては民間側の担当者とつなぐこともあります。

　ヒアリングする内容としては、連携までの経緯や内部でどのように調整・説明したのか、連携してみての反響、効果と課題といったところでしょうか。**ポジティブな部分だけでなく、やってみてわかった課題などもしっかりと聞き取り、自分が連携する際の参考にしましょう。**内部での説明の際にも、実践した自治体担当者の声を盛り込むと非常に説得力が増します。

③自らいろいろなサービスを体験してみる

官民連携を通じ、市民に民間サービスを使ってもらう場合、担当者自身がそのサービスを体験してみて、どう感じたのかという感覚は大切です。そのためにも、自らいろいろなサービスを体験するように心がけています。新しいサービスがどんどん生まれている東京へ足を運び、様々な体験・見識を広げることも大切です。

例えば、「アイカサ」を神戸に導入する以前の話ですが、東京出張時に突然の雨に降られ、アイカサのことを思い出しました。その場でアプリを利用し、近くにアイカサのスポットがあることがわかり、簡単に借りることができ、とても便利で感心したことを覚えています。

そして、利用時の写真（傘やスポットの写真、アプリの画面のスクリーンショット）も残しておくことで、それをレポートとしてまとめ、自分のサービス利用体験を上司などにわかりやすく共有することができました。

このように、**事前に具体的なイメージをつかんでおくことで、いざ内部で説明するときに臨場感を持って伝えることができます。**また、サービスを提供する民間事業者との議論を始めるときも、サービスの仕組みについてではなく、「連携により生み出すことができる価値とは」という本質的な議論へいち早く入ることができます。

④類似サービスを調べる

具体的に連携する事業者が定まりつつあるタイミングでは、その事業者が提供するサービスと類似するサービスの有無を押さえておきましょう。必ずと言っていいほど、内部での説明時あるいは記者発表時に、「なぜ、他にも類似するサービスがある中でその事業者と連携をすることにしたのか」といった質問をされます。公共の事業として実施するのですから、当然のことでしょう。

その理由については、経緯や状況によってケースバイケースになろうかと思いますが、**「納得性」**と**「公平性」**を意識してください。

連携事業を企画するにあたり、自治体として期待する効果を得るために、対象のサービスが最も適した機能や特徴を有しているかどうかを考

えてみましょう。

　例えば、プラットフォームサービスを活用する場合には、多数のユーザーを抱えていることも理由の１つになるでしょう。しかし、それだけでは同じ規模の他サービスがあった場合は説明が難しくなります。ユーザーの数だけでなく、ユーザーの属性や利用されているシーンまでリサーチすると、そのサービスを活用する必然性が見えてくるかもしれません。それが「納得性」につながります。

　あるいは、**無理に１つの企業に絞る必要もないケース**があります。もちろん予算との兼ね合いもありますが、Uber Eatsと出前館のように、一見すると同様・同規模のサービスでも、エリアやユーザーが異なるものであれば、連携できるところからどんどんしていくことにより、その効果を受けることができる対象の幅を広げることができます。これにより、企業にとっても市民にとっても「公平性」を担保することにつながります。予算やリソースの問題から、１つの企業に絞る必要がある場合は、公募を行うことも考えられます。

　いずれにせよ、なぜその企業と連携することにしたのか、公平性・納得性の観点から説明できるよう、企画段階からしっかりサービスの特性・特長(強み)を押さえておくようにしましょう。

SECTION 03

まずは実現可能性を気にせず、「妄想」してみる

▎妄想→スキーム案づくり

　次に、①取材を通じて入手したニーズとシーズの情報を頭の中で結びつけるフェーズです。**「想像」ではなく、「妄想」**と呼ぶのは、この時点では「できる」「できない」は気にせず、妄想を膨らませて、「この課題を解決するにはどのようなサービスを活用するとよいだろうか」「このサービスを活用したら、どんな社会課題を解決することができるだろうか」など、ニーズとシーズ、いずれかを起点に妄想を始めるからです。

　「できる」「できない」を気にしていると、どうしてもこぢんまりとしたアイデアに収まってしまい、イノベーティブでワクワクするアイデアは思い浮かびません。仕事としてではなく、頭の体操ぐらいの感覚がよいかもしれません。

　抽象的な課題からアプローチする際には、より自分の身近な事例に当てはめてみたり、自分が当事者だったらと具体的に置き換えてみたりしたうえで、どのようなことが解決すれば、課題の当事者は喜んでくれるのだろうと考えます。

　そして、その解決手法として、これまで情報収集してきたサービスの中から最適なものがないか、考えを巡らせます。具体的な課題当事者が実際にそのサービスを利用することで、少しでも解決への一歩につながりそうだと頭の中で思い描くことができれば、次はその具体的な妄想をもとに「スキーム」の企画・たたき案を作成します。具体的な妄想を汎用性のある仕組みに落とし込む大事な作業です。

スキーム案をブレストで洗練する

　私は思い浮かんだアイデアは簡単なメモでよいので、スキームの形にして残すようにしています。思い浮かんだアイデアは不思議なほどすぐに忘れ去ってしまいますし、次ページのように、連携する主体の役割・関係性・目的を見える形にすることで頭の整理になります。

　私の場合はメモに残しておくだけでなく（というよりも面白いことを思いついたら周りに言いたくなる性分なので）、すぐに周りの信頼できる人数名に「こんなこと思いついたんですが、どう思います？」とメモを見せながら雑談をしてみます。場合によっては、課題の当事者として当てはまる知り合いがいれば意見を聞くこともあります。

　その反応が良ければ、より具体的な検討に入るため、アプローチする課題の深堀りを進めつつ、活用するサービスを提供する民間事業者とのブレストに入ります。

　ブレストでは、抽象化したスキームを改めて具体的な課題シーンに落とし込み、官民の双方がどのような動き方や役割を果たせばその効果を最大化できるのかを考えます。その目的のもと、どこまでなら「できる」「できない」と互いにアイデアを出し合い、スキーム案を洗練させていきます。

図表25 スキーム案を描く

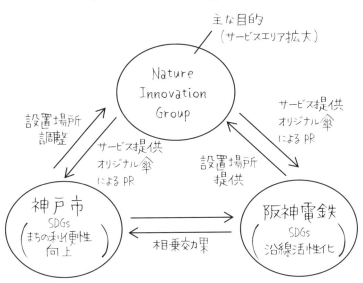

神戸エリアでのアイカサ展開スキーム

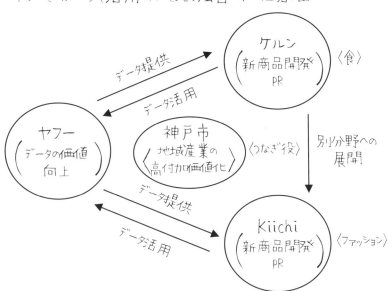

ヤフーとのデータを活用した地域独自の価値創出スキーム

相性の良い地元企業を
巻き込む

▌ 市民に愛されている地元企業との連携でさらにパワーアップ

　妄想やブレストの過程では、メインの連携先と考えている企業だけでなく、その取組み内容との親和性が高そうな地元企業にも参画してもらえる余地はないかという意識を常に持つようにしています。

　シェアリングサービスなど、認知も一般的になされているとは言い切れない新しいサービスについては、特に大切な視点です。

　そのようなサービスを提供するのは、現時点では東京を拠点にするスタートアップ企業が多いのが実情です。彼らには、各地域のネットワークや土地勘はない場合がほとんどです。この点をサポートし、**できるだけたくさんの方々に関わってもらえる仕掛けをつくる**ことが、行政が連携する意義の1つです。

　官民連携で取り組む事業としてせっかくスタートしても、使われなければ意味がありません。どれだけの市民に認知してもらい、新しいサービスを利用してもらえるかという点が重要であるとともに、とても難しい点でもあります。

　取組み自体を認知してもらうだけでも一苦労なので、サービスの仕組みやその背景にある趣旨・目的まで正確に伝えることは至難の業です。官民連携に限らず、行政で事業を担当した経験があれば、誰でもその難しさは共感できるでしょう。

　広報紙やSNSなど、広報ツールを駆使して、できるだけわかりやすく伝える努力はもちろん大切ですが、それに加えて市民に愛されている地元企業にも協力してもらうことで、認知度が高まるだけでなく、共感の輪を広げていくことができます。

図表26 TABETE導入事例

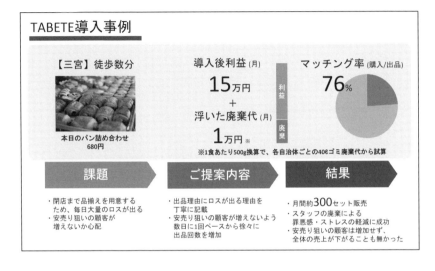

例えば、第2章の「01：フードシェアリングサービス『TABETE』を活用した食品ロス削減」の取組みであれば、TABETEというサービスの仕組みと目的を踏まえ、大きく次の2点に該当する食べ物がこの取組みへの親和性が高いと考えました。

1つは、**「持ち帰り」を前提としても対応が可能**であること。もう1つは、**食品ロスという課題を日常的に抱えている**ことです。さらに、神戸らしい食べ物で、市民にも親しまれているもののほうが広がりが生まれると考え、地元のパン事業者有志の方へ協力をお願いしたところ、趣旨・目的に賛同いただき、アンバサダーとして共に取組みを普及してくれることになりました。

このように、特に新しいサービスは、スタートの時点でいかに市民生活に近いところに溶け込むことができるかがカギになります。そこで、既に市民の生活スタイルとして定着しているシーンや場所に新しいサービスをインストールするような仕掛けを考えることが有効なのです。

▌ 関連業界への影響などにも配慮

　一方で、地元企業に参画してもらうにあたり、市民だけでなく関連する業界への影響などにも配慮する必要があります。新しい仕組みやサービスを導入することでどのような影響・反応が想定されるのか、様々な角度でリサーチや関係者からヒアリングをします。場合によっては、地域の業界団体へ事前に情報提供・相談を行うといったことも必要になることもあります。

SECTION 05 行政に頼らない スキームをつくる

▌ 行政側でプラットフォームをつくらない

　私が携わってきた官民連携事例の共通点として、「行政側ではサービスのプラットフォームをつくっていない」ということが挙げられます。その理由には、以下のとおり大きく3つあります。

①スピード感の確保

　行政側でイチからオリジナルのプラットフォームを開発するとなれば、非常に膨大なコストと時間を要します。

　予算確保のための手続きや議会対応はもちろんのこと、予算確保後には仕様書の作成や事業者の公募・選定、開発までの事業者との調整など、それだけで一般的には1〜3年を費やしてしまうことになるでしょう。

　予算も十分に確保できるとは限りません。もちろん課題や取組みの内容によっては、じっくりと時間をかけて議論・検証を重ねる必要がある場合もありますが、このスピード感で果たして、刻一刻と変化する社会情勢や市民ニーズに対応できるでしょうか。

　スピード感を持ち、かつ費用も抑えながら対応する方法を考える場合、民間サービスとして提供されている**「プラットフォームを活用する官民連携」は有効な手段の1つ**です。既に開発・提供されているプラットフォームですから、イチからオリジナルのものを開発する場合とのスピード感の差は言うまでもありません。

②認知・ユーザーの確保

　①では、サービスが開発・提供されるまでのスピード感の差について

述べましたが、その後、実際に市民に認知され、活用されるまでのスピード感やユーザーの広がりについても同様に大きな差があります。

広く認知されている民間サービスが、初めてそのまちで利用できるようになった場合、「いよいようちのまちでも使えるようになるのか」と注目が集まります。また、既に利用されているまちの場合でも、日々の利用の延長線上で官民連携によるスキームを市民に利用してもらうことができるのです。

コロナ禍における飲食店支援の際には、とにかく支援のスピードが最優先であったため、飲食店にも家庭にも認知度が高く、ユーザー数も一定程度増えていたUber Eatsとの連携が有効に機能しました。

全くのオリジナルのサービスの場合、ユーザーの立場からすると使い方を調べるところから始めなければならず、利用するためのハードルは高くならざるを得ません。こうした点でも、**日頃から使い慣れたサービスと連携・活用するということは合理的**なのです。

③持続性の確保

行政オリジナルのプラットフォームは、持続的な提供の観点からも課題があります。

行政は年度単位で予算や組織・人員が編成され、それに伴い事業も整理されます。費用対効果の検証に基づき、そのプラットフォームの提供が終了する可能性も十分にあります。当初はプラットフォームの保守・運用業務を外部委託していたとしても、その予算が削減されて、それができなくなることがあるかもしれません。

一方で、民間サービスの場合、しっかりとしたビジネスモデルを確立し、経営状況に問題がなければ余程のことがないかぎり、サービスは提供され続けるはずです。

こうした点を踏まえ、まずは官民連携による数年の実証事業として、行政と民間事業者が共にまちづくりや市民サービスへの活用の可能性や効果の検証を行うことが大切です。その中で市民に認知が広がり、実証事業の終了後も市民から必要とされているサービスは民間ベースで自然と市民生活の一部として残っていくものと考えています。それが健全で

あるべき姿ではないでしょうか。

▌連携協定は期間を決めて

　私の官民連携の基本的なスタンスとして、**「行政側ではサービスのプラットフォームをつくらない」＝「最終的には民間ベースでのサービス提供に移行する」**ことを説明してきました。

　つまり、官民連携のプロジェクトを企画する時点から、そのプロジェクトがどのように着地する（連携協定を終了する）かを思い描く必要があります。着地するまでの期間としては、時代の変化やトレンドを捉えた内容にするため、ある程度先を見通すことができる1〜2年のスパンで考えるのがよいでしょう。官民ともに担当者が数年で替わる場合もあるため、できるだけ協定締結時の担当者がしっかりと想いを込めた具体的な事業を仕込み、その期間でいかに官民連携による価値を生み出せるかを両者で考えましょう。

　その期間中は、連携するサービスの特徴や強みを最大限活かすことが求められます。先述したように既存の施策と組み合わせたり、まちづくりや市民サービスに応用したりすることで、幅広く市民がそのメリットを享受できるようなスキームづくりを心がけましょう。

　一方で、取り組んでいくうちに新たな発展・展開が見えることもあります。あるいは、実証事業として十分な実施体制を整え、効果を検証するために想定より時間を要することもあります。その場合は、社会情勢やトレンドを踏まえながら、連携内容を再検討のうえ、連携協定の延長や再締結をすることも考えられます。

　なお、連携協定書の作成・締結については、次章（144ページ）で解説します。

ターゲットを設定する

▎官民連携におけるターゲットの考え方

　官民連携のスキームを考えるうえでは、ターゲットを明確に設定することも重要なポイントです。官民連携に限らず、扱うニーズやシーズによって展開する施策のターゲットは異なります。

　ターゲットとは、マーケティングにおいて活用される考え方で、サービスや商品の想定顧客層のことをいいます。利用してもらいたい・利用してもらえるであろうユーザー層を年代や性別、職業などいくつかの要素で想定します。

　行政が実施する施策である以上、公平性を意識する必要があるものの、**最初からすべての人に届けることは至難の業**です。万人に向けたものにしようとすると、中途半端なものになるリスクもあるため、「どんな属性の人に主に届けたいか」という観点でスキームを考え、知ってもらう方法を考えましょう。

　TABETEとの連携では、課題は「食品ロス」というあらゆる方を対象にするものでした。しかし、まずは他地域でのTABETEのメインユーザー層として多いと聞いていた30代女性層と相性が良いパン屋さんから取組みを広げていくことにしました。このユーザー層は、特にSNSでの発信も積極的な傾向があるため、定着すれば少しずつ他の層にも広がっていくのではないかと考えました。

　また、コロナ禍で行った一連の飲食店・家庭支援策もそれぞれターゲットを想定しています。第1弾のUber Eatsとの連携は都市部エリアの飲食店と若年世帯。また、第2弾の出前館との連携は都市部に加えて郊外エリアの駅周辺の飲食店と子育て世帯から高齢世帯。さらに、第3弾の

住宅団地へのキッチンカー提供は郊外エリアでも飲食店が特に少ない地域の世帯。第4弾のテイクアウトスターターキットの配付は、デリバリーサービスを使うことができない飲食店や、テイクアウトを始めたばかりでノウハウが不足している飲食店を想定しました。

　先述のとおり、第1弾の段階では必ずしも公平性を担保できていたとはいえない状況でしたが、第4弾までに足りない部分を徐々に補完していくことで、最終的には網羅性を高めることができたのではないかと考えています。

　自治体が行う施策に、公平性が求められることは間違いありません。しかし、特にコロナ禍のように緊急を要し、かつ対象となる市民が非常に広範囲にわたる場合は、**1つの施策で100％の公平性を担保することは困難であるという視点のもと、複数の施策を組み合わせて解消していく手法**も考えていくべきでしょう。

▎広すぎるターゲットは絞る

　第2章の「05：フレイル予防をめざした高齢者向けeスポーツ実証事業」の最終的なターゲットは高齢者全般です。しかし、ほとんどの高齢者にとって、eスポーツは未知の体験です。eスポーツを体験する環境面の整備だけでなく、参加してもらう高齢者に寄り添った心理面でのサポートも不可欠です。

　どのようにすれば抵抗なくプレイしてもらえるか、どのようにすれば続けてもらえるか。そのためには、私たちより参加者にとってより身近な「顔が見える」相手によるサポートが必要だと考えました。

　そこで、実証事業の対象をデイサービスなどのシニアサービスを利用している高齢者に絞り、そのシニアサービスを提供する事業者の協力のもと、施設でのレクリエーションやプログラムの1つとして、利用する高齢者へeスポーツ体験を提供するというスキームにしました。

　人によってeスポーツに対する関心や反応は当然異なります。このシニアサービス事業者は、そうした個々の関心や反応に応じた丁寧なサポートをしてくれました。そして、日頃から顔の見える関係性だからこ

そ、利用者も正直な感想や反応を返してくれていたと思います。その感想や反応を踏まえて、毎回改善の繰り返しでした。

　そのおかげで、利用者も徐々に慣れて、楽しんで取り組む段階にまでたどり着くことができました。一方で、やってみてわかった様々な課題もあり、引き続き同様のアプローチで慎重に取り組んでいく必要があると考えています。

　このように、フレイルという課題のターゲットはあくまで高齢者ではあります。一方で、その高齢者と日常的に接点を持つシニアサービス事業者による協力で、ともに課題解決に向けた可能性を探っていく形も、これからの新たな社会インフラ・システムを官民で考えていくモデルになり得るのではないかと感じています。

第 **6** 章

[STEP 3]

関係者を調整する

どんなプロジェクトでも、調整は必須ですが、
行政と民間、それぞれ文化が異なる相手同士がタッグを組むには、
関係者間の調整が欠かせません。
内外の信頼を得て、円滑に連携事業を進めていくための
ノウハウをお伝えします。

官民連携の肝は関係者の認識合わせ

調整に必要な「巻き込み力」「通訳力」

　再び官民連携の実務の流れ（イメージ）に話を戻してみましょう。

　ここまで官民連携のスキーム（事業に関する対象、期間、内容など）についての考え方を紹介してきましたが、その考え方のもと「妄想→ブレスト」を繰り返して企画案が具体化してくると、官民連携においての肝といえる **「③関係者調整」のフェーズ** に入ります。その際に求められるのが「巻き込み力」「通訳力」です。

図表27　官民連携　実務の流れ（イメージ）※再掲

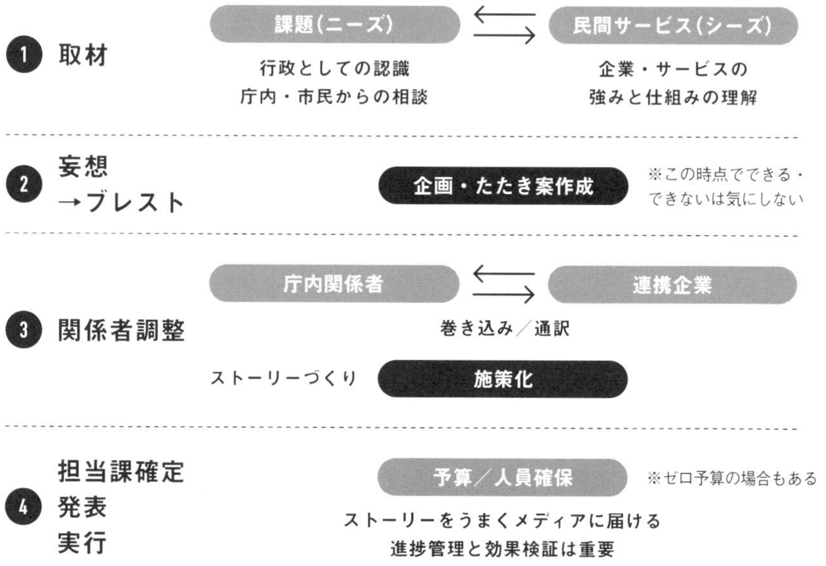

❶ 取材

課題（ニーズ）　←──　民間サービス（シーズ）

行政としての認識　　　　　企業・サービスの
庁内・市民からの相談　　　強みと仕組みの理解

❷ 妄想→ブレスト

企画・たたき案作成　　※この時点でできる・
　　　　　　　　　　　できないは気にしない

❸ 関係者調整

庁内関係者　←──　連携企業

巻き込み／通訳

ストーリーづくり　　施策化

❹ 担当課確定 発表 実行

予算／人員確保　　※ゼロ予算の場合もある

ストーリーをうまくメディアに届ける
進捗管理と効果検証は重要

関係者を動かす「巻き込み力」

　せっかく面白いアイデアが出てきたのに、関係者調整がまとまらず頓挫してしまった経験のある方も少なくはないでしょう。

　その理由の１つとして、②のブレストで出し合ったアイデアは、官民それぞれの担当者自らが所属する部署のみで判断・対応することはできない場合がほとんどだということが挙げられます。そのため、ブレストと並行する形で内部の関係者との調整が不可欠です。

　しかし、関係者への話の持っていき方やタイミングが悪いと、相談・議論すらできずに断られてしまうことさえあります。そのようにならないためにも、「誰に」「どのタイミングで」「どのように」相談して、一緒にやろうと思ってもらえるかを考えることが重要です。

　実務の流れ（イメージ）の図では、ブレスト→関係者調整という時系列になっていますが、ブレストをしていくうちに、自分たちだけで課題に対する関係部署の意識について把握しようとしても、推測の域を出ないことがよくあります。その場合には、ファクトを押さえるための取材をする必要があります。

　この段階で取材する際には、私は「まだまだアイデアレベルなのですが……」「一般論として教えていただきたいのですが……」といった感じで、あくまで情報収集のような聞き方をするように心がけています。

　いきなり関係部署の仕事に関わりそうな雰囲気を出してしまうと、警戒心を持たれてしまうため、場合によっては回数を重ね、担当者としての本心も含めて引き出せるように丁寧に聞き取ります。その取材を通して、関係部署が抱えている課題を把握し、ファクトに基づいた課題に「寄せた」ストーリーを組み立てる作業を行うのです。

　いかにして検討している企画・事業にストーリー性を持たせられるか。それが「脚本力」であり、それによって関係者（ステイクホルダー）が納得して協力・参画してくれるかどうかが決まります。

　第１章では、ストーリーづくりをする際、①どのような課題・背景から、②どのような人に対して、③どのような施策を実施するのか、④どのような効果がもたらされるのか、という４点を意識して構成している

と述べました。その4点を意識しながら、関係者が共感し、「これなら
リソースを割いてでもやってみる価値があるな」と納得して動いてくれ
るよう、丁寧に認識を合わせていきましょう。

　そのプロセスを経ていくうちに、少しずつ当事者意識を持って一緒に
考えてもらえるようになります。

　このように丁寧なプロセスを経て**関係者に少しずつ当事者意識を植え
つけていくことができる力**を「巻き込み力」と呼ぶのではないかと考え
ています。「巻き込み力」と聞くと、少々強引なイメージを持たれるかも
しれませんが、入念な取材を基に仕立てたストーリーを持って関係者に
共感してもらうプロセスを抜きに、官民連携の実現は難しいでしょう。

▋ 組織内外のギャップを埋める「通訳力」

　関係者調整で必要なもう1つの要素が「通訳力」です。

　第1章で、行政と民間の間には、普段使っている用語や物事の考え方
や進め方、組織風土や文化など様々な点でギャップがあるため、官民連
携の担当者は、ある課題を抱えている部署とカウンターパートとなる民
間事業者との間に入る「通訳者」としての役割を担っていると述べまし
た。

　ここで、以前苦労したときの経験が生きてきます。**自分も以前はその
用語や文化がわからなかったという経験があるからこそ、通訳すべきポ
イントが見えてくる**のです。私は民間企業の担当者が、以前の自分では
理解できなかった言葉を使ったときに、わかりやすい言葉で言い換えた
り、代わりに質問をするようにしています。

　また、行政と民間との間のギャップだけでなく、行政の中でも部署や
立場で物事の考え方・捉え方が異なる場合はよくあります。

　こうした状況に対し、「大丈夫だろう」と認識合わせが不十分なまま進
めてしまうと、必ず途中で歪みが生じます。丁寧な根回しも含め、労力
を惜しむことなく、その事業に関係するすべての関係者間で認識をすり
合わせるようにしましょう。

　関係者による打ち合わせの際には、必ず途中や最後に議論の内容や今

後の方向性について、その場にいる全員の認識が合っているか、疑問点やモヤモヤしている点がないかを確認しながら進行します。疑問やモヤモヤを抱えている人は必ず表情や態度に現れるので、見逃さずにしっかりとケアしながら進めましょう。

　特に大切なポイントは「○○さんがおっしゃられていたことはこういうことですよね」など、関係者全員が理解できるわかりやすい言葉に置き換えたり、自分の中で整理した内容を共有したりすることです。このように、関係者の反応を観察しながら、常に全員の認識を合わせる作業を丁寧に重ねる力こそが「通訳力」といえるでしょう。

▌ パワーポイントは認識合わせに最適なツール

　しかし、その認識合わせには口頭だけでは限界があります。議事録を残すことも大切ですが、どうしても打ち合わせごとの断片的な情報になり、議事録を全員が読み返して、常に同じ情報にアップデートされている状態に維持することはほぼ不可能です。

　そこで、毎回の打ち合わせで決まった内容の蓄積を、パワーポイントにまとめ、反映していきます。先ほどのようにストーリー（①課題・背景→②対象→③具体的な内容→④効果）のフォーマットをベースに、できるだけコンパクトに情報をまとめていきます。

　コンパクトにまとめるということが大切で、長々と文字が多い資料だと、議事録と同様に何が重要な情報なのかがわかりづらくなってしまいます。

　必ず共通認識を持っておきたい重要な情報のみをパワーポイントに載せていきましょう。パワーポイントの利点は、文字とイメージ図などをうまく組み合わせられることです。**文字は極力減らし、イメージ図も活用しながら、見ただけで理解できるものにすることが理想**です。

　そして、最終的にその資料をそのまま記者発表資料として使用するつもりでブラッシュアップし続けます。どのようにブラッシュアップしていくかというと、とにかくいろいろな人に説明していきます。人によって微妙に内容の受け取り方や伝わりやすさが違うので、質問されたり、

伝わりづらかったと指摘された部分の微修正を重ねていくことで、受け取り方の「ブレ」を極力少なくするよう意識します。

　内部決裁時にはOKかNGかに一喜一憂しがちですが、OKの場合であっても「この部分は少し誤解されていたな。伝わりづらかったな」と感じた場合は、その資料に満足することなく改善していきます。

　会見などの記者発表の場では、基本的に予備知識のない状況から、1度の説明で趣旨を理解してもらわなければなりません。また、資料が独り歩きしてしまうこともあるため、その資料だけで趣旨・内容が正確に伝わるよう心がけましょう。

　担当者としては、具体的な内容の部分に目が行きがちですが、なぜそれをするのか、誰が困っていてその施策によって誰が助かるのかが課題解決の本質的な部分であり、記者側も取り上げたい部分です。その本質的な部分を忘れないためにもパワーポイントで認識合わせをする作業は大切なのです。

分野ごとに相談すべき相手がわかる「庁内地図」を持つ

▌いざというときには各分野のキーパーソンを頼る

私が官民連携のプロセスの中で最も緊張する局面は、具体的な案件を関係課に持ちかけるときです。特に、その関係課に知り合いがいない場合はなおさらです。

面識のない人から、何やら新しい仕事を持ちかけられそうな雰囲気を察知したら、誰でも警戒するでしょう。

「今は繁忙期で手が回らない」「うちには予算がないので対応できない」など、断る理由はいくらでもあります。一度ダメだと断られてから挽回することは至難の業ですから、まずはいかに前向きに話を聞いてもらえるかが非常に重要です。

普段から職員有志の勉強会や様々な地域活動やイベントなどに参加していると、いざというときに役立ちます。つまり、こうした場に積極的に関わる中で、「環境なら○○さん」「農政なら□□さん」「教育なら△△さん」といった具合に、各分野でフットワークが軽く、かつ信念を持った職員と出会うことができるのです。こうした職員とのネットワークは、日頃からSNSを通じて自分だけでは収集できない貴重な情報や刺激をもらうことができます。私はこのネットワークを「庁内地図」と呼んでいます。

そして、具体的な案件が出てきたときには、その案件の直接の担当ではなくても「環境分野だから○○さんにまずは相談してみよう」と動きます。前章でもポイントとして説明した「誰に」「どのタイミングで」「どのように」相談するのがベストなのか、その方の感覚レベルでもかまわないので教えてもらい、まさに道しるべとして大いに参考にしていきます。

場合によっては、その人から関係課の担当者へ「こういう人からこんな相談が来ると思うので聞いてあげてくださいね」と一言入れてもらったうえで相談することもあります。**その「一言」があるだけで、担当者としては、「身近な職員からの紹介」という捉え方になるため、全く面識のない人から相談される場合に比べて、警戒感に雲泥の差がある**のです。

　このように庁内地図は、官民連携に限らず、他部署との連携・調整が必要な仕事をする職員にとってはとても心強いものになります。ぜひ、日頃から庁内地図をつくっておくことをおすすめします。

▍庁外ネットワークはマーケティングにも活用する

　各分野のキーパーソンは、庁内だけでなく、庁外にもいます。そして、そのキーパーソン同士は得てして既につながっているものです。そのため、一度つながると、庁内のキーパーソンから庁外のキーパーソンへ（逆のパターンもあります）と、どんどんネットワークが広がっていくことも少なくありません。

　各分野の当事者である、庁外のキーパーソンからの意見やアドバイスはとても貴重です。私はマーケティング的な感覚で、検討中のスキームの方向性が間違っていないかを確認するため、その内容の分野に応じて各キーパーソンに意見を聞きます。

　コロナ禍における飲食店・家庭支援策を検討している際にも、飲食業界のキーパーソンに対して「このような支援策を考えているのですが、どう思われますか？　活用できそうでしょうか？」と、ヒアリングしていました。

　すると、「そういうものがあるならぜひ使ってみたい」「この部分が少し使いづらいかもしれない」と率直にフィードバックをしてくれるので、とても参考になります。もし課題点があるのであれば、改善するにはどうすべきかというヒントをもらえることも多くあります。

　庁内のネットワークと同様、**いざというときに頼れる相手の存在は、官民連携に限らず、皆さんの仕事にとって必ず役立つ**でしょう。

民間側のパートナーにとって
頼れる存在になる

▍ 素早いレスポンスで「信頼」を得る

官民連携のプロジェクトを進めるにあたっては、行政と民間企業のどちらがプロジェクトリーダーになるべきなのでしょうか。

取り組む内容やプロジェクトのメンバー構成にもよりますが、課題の実態やステークホルダーとの関係性など、全体像を把握している行政側の担当者がリーダーを担うほうが、全体のバランスや調整手順を見誤るリスクは低いでしょう。

そのためには、まず、民間企業の担当者から信頼を得る必要があります。お互いの信頼感を持ってイニシアチブを取らないことには、安心して任せてはもらえないでしょう。

その信頼感を得るために「スピード感」は大切なポイントとなります。こちらのレスポンスのスピード感で相手に本気度が伝わります。**私はスピード感を通じて、相手にプロジェクトに対する本気度を伝えています。**

皆さんの経験をもとに考えてみてください。もし連絡・依頼をしても、一向に何のレスポンスもないとしたら、どう感じるでしょうか。「メッセージ読んでくれたのかな」「今どんな状況なのだろう」「あまりこのプロジェクトへの思い入れがないのかな」と不安や不信感を抱くと思います。

そのような印象を与えないよう、何か確認や依頼の連絡をもらったとき、すぐに対応できる内容の場合にはその場で返事をしています。すぐに対応できない内容の場合でも、まずは「了解しました。○○ぐらいをめどに回答します」と回答の期日とあわせて素早く返事をするようにしています。

忙しいと、つい返事を後回しにしてしまうという人もいるでしょう。しかし、後回しにするとそのまま忘れてしまう可能性があります。**その後回しや失念の積み重ねが不安感・不信感につながる**のです。

先ほどのような簡単な返事をするぐらいであれば1分もかからないはずです。今できることはその場でしてしまうようにしましょう。また、追って返さないといけないことも忘れないようメモを残しておきましょう。私の場合は、相手からのメールをパソコンのデスクトップに返事をし終わるまで貼り付けておくようにしています。

このような地道な積み重ねを通じて、「あなたは大切な連携パートナーですよ」というこちらの想いが伝わり、それが相手への安心感・信頼感につながります。あまりプレッシャーをかけてはいけませんが、こちらのレスポンスが早いと相手も同じスピード感で応えようとしてくれ、自然と良いテンポでやりとりが進んでいくことが多いです。

このように、早いレスポンスは、信頼感を与えるとともに、プロジェクト全体のペースを自然とテンポアップさせる効果があります。

私はちょっとした隙間時間でも素早くレスポンスすることができるよう、簡易な連絡についてはFacebookメッセンジャーなどのチャットツールでやりとりをお願いすることが多いです。職場メールだとパソコンを開く必要がありますが、チャットツールだと、例えば移動中にスマホでサッと返事をすることができるので、とてもスムーズです。また、グループチャットも必要に応じて活用することで、効率的な情報共有ができます。職場のルールや相手の置かれた状況、取り扱う情報によってツールを使い分ける必要はありますが、便利なツールはどんどん活用していきましょう。

▌ 気遣いながら、ときに厳しく

民間企業との連携プロジェクトを牽引する際には、実務面だけでなく心理面についてもフォローすることを忘れないようにしましょう。

行政と普段から仕事をしている人ならともかく、そうではない民間企業の担当者が行政の関係部署を訪問し、連携に関する相談・協議をする

際には少なからず緊張感があると思います。一方の行政側の担当者としてもどのような人が来て、どういう相談をされるのか、構える部分もあるでしょう。

その何とも言えない緊張感をできるだけほぐすため、私はその顔合わせ・打ち合わせのときには民間側に座るようにしています。民間の方には、「私は味方ですから安心して話をしてください」というスタンスで臨み、関係部署の職員とは表情をしっかり見ながら対話をします。

関係者の協議では、内容の「通訳」をする立場を意識しながら、課題を解決するにはどのようなスキームにするのが最適かを議論します。その際には、行政側の都合だけではなく、民間企業の担当者が社内に持ち帰って調整しやすい形はどういう内容なのかも配慮するようにしましょう。

官民連携のプロジェクトでは、行政側の内部調整に目が行きがちです。しかし、民間企業にとってのミッションや狙いがどのようなものかを引き出しつつ、それをクリアできるようなスキームになるよう協議を通じてフォローしていきます。

ここで、先述した「腹を割った話」が必要となります。その協議の場でも、**「安心して、民間企業の立場として実現したいことをお話してもらって大丈夫ですよ」と一言添えるだけでも、心理的安全性はぐっと高まるはずです。**あるいは、関係部署に訪問する前に下打ち合わせをして、事前に民間企業としてのミッションや実現したいことを聞いておくことなども有効です。こうした配慮をしながら、両者にとって有意義なスキームの官民連携プロジェクトを練り上げていきます。

一方で、両者の間で適度な緊張感も必要です。約束の期日を守ってもらえなかったり、検討を依頼していた内容の詰めが甘かったりしたときなどは、遠慮せず指摘することも必要でしょう。しかし、これは自分にも厳しくしなければ、そのようなことはできません。

企業側の立場や考えに寄り添いながら、自分にも相手にも厳しくプロジェクトを進めていく。これが、連携パートナーとの信頼関係を築きながら、有意義な官民連携プロジェクトを実現させるために、欠かせない心構えです。

スピード感を持って、熱いままにプロジェクトをまとめる

▌ アイデアの賞味期限は「3か月」

「鉄は熱いうちに打て」と言われるように、関係者の熱意があるうちに物事を進めないと、時間の経過とともに熱量が落ち、いつの間にかペンディング状態になってしまうことがあります。

事業が次々と押し寄せる忙しい中では、仕方のない面もあるかもしれませんが、せっかく出てきたアイデアの種が芽吹くことなく消えてしまうのはもったいないことです。

そのためにも、チーム全体のモチベーションを高く維持する必要があります。モチベーションの確保には、これまで何度も触れてきた「ワクワク感」をチーム全体で共有することに加えて、良い意味での「焦り」の共有も効果的です。**「自分たちが思いつくアイデアなんて、他の誰もが思いつく可能性があるはずだ」**という焦りです。

もちろん、市民サービスに必要なことは、前例の有無にかかわらず行うべきです。ただ、やはり前例がないことを全国に先駆けて実施することは大きなニュースバリューになり得ます。せっかくの面白いアイデアも、二番煎じとなってしまっては、どうしてもニュースバリューは落ちてしまい、メディアで取り上げられる可能性も下がってしまいます。メディアで取り上げられる効果については第7章で説明します。

この「ワクワク感」と「焦り」をチーム全体で共有することで熱量を落とさず、短期間で形にすることができる可能性が高くなります。しかし、それを維持し続けることに限界があるのも事実です。そこで、「3か月を目安に考えるとよいでしょう。**アイデアの賞味期限を3か月と想定し、その期間内に小さくても実現できないか走り切ってみる**のです。こうし

た短期間のゴール設定があるほうが集中して取り組むことができます。

　ただ、案件によってはトレンドや世間の状況、議会の状況などに応じて、発表するベストのタイミングが異なるケースもあるため、何が何でも急いで発表しなければならないというわけではありません。発表のタイミングについては、様々な情報収集をしたうえで判断するようにしましょう。

▍予算ゼロでも理屈と熱意で事業化はできる

　官民連携事業の企画内容がどんなに優れたものだとしても、実施する体制を確保できなければ事業化にはつながりません。

　事業を具体的に実施するにあたっては、予算や人員の確保が求められます。年度途中に想定していなかった事業に取り組みたいものの、予算がないために実施を見送った経験のある人も多いのではないでしょうか。

　一方で、通常の行政の予算・人員確保の手続きに乗せるとなると、先ほどのアイデアの賞味期限である3か月に間に合わせることは非常に難しいのが現実です。

　では、どのようにしてスピード感を持って実現させていくのでしょうか。たとえ予算は不要だとしても、担当課に協力してもらうためには、必要な人員リソースを割いてもらわなければなりません。それ相応の意義や効果が求められます。予算を必要とする場合はなおさらです。

　官民連携のメリットとして、連携企業が提供するプラットフォームやサービスを活用することにより、通常の行政による施策では届かない層にもその効果をリーチさせることができる点があります。既に実用化されているサービスであれば、今すぐにでも始められることも大きなメリットです。取組みの効果をいち早く広く届けられる可能性とその担当課が認識している課題をうまく結びつけるストーリーを組み立てると、納得感を得ることができます。

　そして、もう1つ大きなポイントとして「負担感」をいかに感じさせないかがとても大切です。漠然と協力を依頼するだけでは不安を煽るだ

けなので、どのような業務が発生するのかを明確に示すようにしましょう。その際には、自分で対応できる最大限のことは自分で処理し、どうしてもその担当課でないと対応できないもの（協定書の締結に関する決裁や費用の支出など）のみ依頼するようにします。私はいつも**「ここまでは私がやりますので、この部分だけお願いします」**と伝えます。こうした伝え方であれば、「そこまでやってくれるのであれば」といった反応が返ってくることが多いはずです。

　仕事を依頼された際に、協力するかどうかの判断軸の１つに「費用対効果」があります。少しの労力で大きな効果を得られるのであれば、相手も協力しようと思うはずです。このように、協力を依頼したい官民連携プロジェクトによってもたらされる効果について、担当課の立場に寄り添いながら説明し、理解してもらうとともに、業務負担を極力抑えたうえで丁寧に伝えることで、担当課の確定と予算や人員の割り当てにつなげていきます。

　「費用対効果」という理屈での判断に加えて、自分も労を惜しまず最大限のことを行うという熱意で協力を仰ぐ「理屈と熱意のハイブリッド」のスタイルです。

　私は、これまでの経験の中で、**人が動いてくれるのは、「理屈で納得したとき」**と、**「理屈抜きに熱意に打たれたとき」**ではないかと思っています。「理屈で納得」という点については、共感を得られるストーリーであること、担当課にとってメリットがあること、に尽きます。

　もう１つの「熱意」については、**いかに「汗をかく」か**です。こまめに足を運んで交渉すること、必要な資料を率先して作ることなど、「そこまでやってくれるのなら」と感じさせる熱意でステークホルダーに想いを伝えます。

　組織内で「あなたの課で担当してほしい」と理屈もまじえてお願いしたところで、いろいろな理由を並べて断られることはよくあることです。理屈では理解していても、忙しかったり、心情的に何かひっかかるものがあったりすれば、なかなか「うん」とは言えないものです。

　だからこそ、「このプロジェクトを一緒に実現しませんか」「実現して一緒にこんな価値を生み出しませんか」という想いをぶつけ、心を動か

すことが大切なのです。

　その想いが届けば、組織内の調整もきっとうまくいきます。もちろん組織としての判断となるため、上司もうまく味方になってもらい、場合によっては上層部同士で調整をしてもらうことも必要です。

　費用がかかる場合は、より一層ハードルが上がりますが、アプローチの手法は同じ。担当課のミッションや考え方に寄り添うストーリーを洗練し、それを熱意に乗せて届ければ、そのミッションに関連する予算を充ててもらえることもあります。

　このようにして、想定していた予算や人員がない場合でも、担当課やステークホルダーの方々の理解・協力を得ながら事業化していきましょう。

連携協定書を作成し、締結する

▌ 協定書を作成する目的と手順

　連携事業の内容もまとまり、いよいよ事業のスタート・発表ができるところまでやってきました。しかし、その前にもう一つ大切な実務・手続きがあります。それが、連携協定書の作成と締結です。

　連携協定書とは、連携事業の実施に当たって必要な事項を定め、行政とパートナーとなる民間企業の当事者間による合意のうえで締結する書面です。

　この協定書が連携事業を実施する根拠となるため、事業をスタートする前に、当事者間の合意内容が明確に記載されているかを両者でしっかり確認しましょう。

　協定書が作成されていない、あるいは協定書に不備があると、万が一両者の間に認識のずれが生じていたときに「言った」「言わない」のトラブルに発展しかねません。また、担当者が変わってしまった場合なども、認識のずれが起きやすいですので、そういうときのためにも、十分協議のうえで、明文化しておくことが重要となります。

　協定書の文言やフォーマットは、それぞれの組織のルールを確認し合い、どちらかに決まったものがあればそれに合わせる形が良いと思います。特に決まったものがなければ、行政側が協定書案を作成し、それをパートナーとなる民間企業に確認してもらい、必要に応じて修正や変更を加えてもらいます。そうした協議・認識合わせを重ね、双方の意見が一致したところで、正式に各組織内で決裁を行います。

　決裁が完了したら、同じ内容の協定書を2部用意し、双方の代表者名の記載・押印を行うことにより、協定が成立します。締結後は各自が1

部ずつ協定書を保有します。

　なお、協定書案の作成のタイミングとしては、最後にまとめて作成するよりも、連携事業の骨子がまとまってきた段階で、プレスリリース資料とセットでたたき案を作成し、その後の協議内容に応じて修正・変更していくことをおすすめします。そうすることで、当事者間の認識合わせをスムーズに行うことができるだけでなく、取組み内容と発表内容の整合性をとりやすくなります。

▎協定書に盛り込むべき項目

　では、協定書に定める必要な事項とは、具体的にはどのようなものなのでしょうか。盛り込んでおくべき項目について、一部例文もまじえながら解説していきます。なお、例文についてはあくまで参考です。協定書の作成にあたっては、必要に応じて法規担当課などに相談してください。

①名称
　協定名は当事者間で自由に決めることができます。連携事業の目的をコンパクトに表現した内容にするのがよいでしょう。

②目的
　連携して主に推進することや、それによりどのような結果につなげたいのか、事業の目的を簡潔に記載します。

【例】

（目的）

第1条　本協定は、甲（行政）及び乙（民間企業）による相互連携のもと、○○（主に推進すること）等を図ることにより、■■（つなげたい結果）することを目的とする。

---

③対象となる連携事項

　できるだけ具体的に実施する内容を記載します。ただし、あまり詳細に記載しすぎると、それに縛られて後々動きにくくなることもあるため、両者でバランスも意識しながら記載内容を調整しましょう。

【例】

（対象となる連携事項）

第2条　甲と乙は、次の事項について連携・協力する。

（1）・・「項目名」・・

　　　甲は○○を行い、乙は■■する。

（2）・・「項目名」・・

　　　甲乙共催で、△△を開催する。

（3）・・「項目名」・・

　　　甲は、乙が実施する▲▲に、●●などの協力をする。

（4）・・「項目名」・・

　　　乙は□□を実施する。

---

④協議の実行

　協定締結後も引き続き密な情報共有・協議のもと、連携事業を実施していくことを明記します。

【例】

（協議の実行）

第3条　前条に掲げる事項を効果的に推進するため、甲と乙とは定期的に協議を行うものとする。また、具体的な実施内容については、甲乙合意のうえ決定する。

---

⑤費用負担

　連携事業を実施するうえで費用が発生した場合、どちらが負担するのかを明記します。

【例】※予算なし・双方が自己負担で実施する場合
（費用負担）
第4条　本協定に基づく甲及び乙の活動に要する費用は、甲乙別途合意しない限り、原則として甲及び乙の各々の負担とする。

⑥期間

連携事業の実施期間を記載します。あわせて、解約する際の手続きについても念のため記載しておきましょう。

【例】
（期間）
第5条　本協定の有効期間は、本協定締結の日から令和○年○月○日までとする。
2　甲又は乙のいずれかが、本協定の解約を申し出る場合、解約予定日の1か月前までに相手方に通知することにより、本協定を解約できるものとする。

⑦疑義の決定

事業を進めていると、想定外のことや取り巻く情勢に変化が生じることもあり得ます。その際には、両者で協議のうえ、実施内容を変更・決定することを記載しておきましょう。

【例】
（疑義の決定）
第6条　本協定に定めのない事項及び本協定に関し疑義等が生じた場合は、甲乙協議のうえ決定する。また、甲又は乙のいずれかが協定内容の変更を申し出たときは、その都度協議のうえ変更を行う。

⑧守秘義務

　事業を共同実施するためには、必要に応じて互いの情報を共有し合うことがありますが、もちろん相手方の機密情報は厳密に取り扱わなければなりません。いわゆる守秘義務について明記しておきましょう。念のため、もし情報公開請求等が行われた際の対応についても記載しておきましょう。

【例】

（守秘義務）

第7条　甲及び乙は、本協定を通じて知り得た相手方の秘密を本協定の目的以外に使用し、又は第三者に開示、漏えいしてはならないものとする。ただし、法令上の強制力を伴う開示請求がなされた場合は、その請求に応じる限りにおいて、相手方への速やかな通知を行うことを条件として開示することができる。

---

⑨著作権等の帰属

　連携事業を実施する中で、WEBサイトやロゴなどが制作されることはよくあることです。そのような著作物に関する著作権等の取扱いについても協議のうえ、明記しておく必要があります。

【例】

（著作権等の帰属）

第8条　本協定の履行の過程で創作される著作物に関する著作権の帰属等については、甲及び乙は別途協議のうえ、これを定めるものとする。

第 **7** 章

[STEP 4]

ストーリーをつくり、メディアを通じて届ける

いよいよ、具体化した施策を届ける段階です。
どんなに優れた施策でも、知ってもらい、
活用してもらわなければ意味がありません。
ここでは、メディアの力を活用して周知を行うポイント、
フィードバックに基づく改善等を解説します。

メディアの力を最大限活用して「届けたい相手」に情報を届ける

メディアを通じて共感を生む

官民連携プロジェクトのスキームとその実施体制もまとまり、いよいよ対外的に発表ができる状況になってきました。

「これでひと安心」と言いたいところですが、まだやるべきことがあります。せっかくここまで苦労して良い取組みをまとめてきたのに、世に知られなければ意味がありません。そのためには、やはりメディアの力が不可欠です。

図表28 官民連携　実務の流れ（イメージ）※再掲

① 取材

課題（ニーズ） ⟵⟶ 民間サービス（シーズ）

行政としての認識
庁内・市民からの相談

企業・サービスの
強みと仕組みの理解

② 妄想
→ブレスト

企画・たたき案作成

※この時点でできる・
できないは気にしない

③ 関係者調整

庁内関係者 ⟵⟶ 連携企業

巻き込み／通訳

ストーリーづくり　施策化

④ 担当課確定
発表
実行

予算／人員確保 ※ゼロ予算の場合もある

ストーリーをうまくメディアに届ける
進捗管理と効果検証は重要

　メディアを通じて、官民連携の取組みをより多くの人に知ってもらい、提供するサービスを活用してもらうことはもちろん、全国にもプロモーションをすることでアクティブな自治体のイメージを持ってもらうことも意識しておきたいところです。このようなイメージが広がると、「**このまちでは面白いことができそう**」といろいろな方が集まり、また次の展開につながっていきます。

　皆さんの自治体では、取組みの内容を自治体ホームページに掲載し、それをSNSでシェアして終わりになってしまっているケースはないでしょうか。果たして、それでどこまでの広がりになるでしょう。SNSが普及して情報を手軽に発信することができる時代になっているとはいえ、膨大な情報が日々氾濫する中で、関心を持って見てもらえるでしょうか。さらにその内容を熟読して、取組みについての背景や想い、具体的な内容まで理解してもらえるでしょうか。届けたい人へ正確に情報を届けることは非常に難しいことです。

　広報・PR戦略の最終的に目指すところとしては、その取組みによるサービスを使ってもらったり、使うまでの問い合わせを増やしたり、施策のターゲットに当たる人に具体的なアクションを起こしてもらうことです。

　関心を持ってくれた人が必要な情報を入手できるよう、ホームページに詳細を掲載しておくことは大切ですが、使ってもらいたい人にまずその情報をどのように届けるかを考えなければなりません。さらに、その先のアクションまでを促すための手段として広報・PRをするという考え方です。

　改めて広報・PRの全体の流れを整理すると、**①メディアにニュース記事として取り上げてもらう、②記事がSNSで拡散される、③ホームページ（記者発表資料や詳細ページ）にアクセスしてもらう、④具体的なアクションを起こしてもらう**というプロセスになります。このプロセスで大切にしていることは「共感」です。

　まずニュース記事として取り上げてもらうため、官民双方の立場から、官民連携の取組みに対する想いや意義について会見の場を通じて発信します。記者発表資料をどれだけわかりやすく書いたとしても限界がある

ため、会見での説明用のパワーポイント資料を別途準備して、メディアへその取組みの背景から具体的な内容までをストーリーに乗せて届けます。

　その際、内容が抽象的だと記事としてどうしても取り上げられにくいため、できるだけ具体的に5W1H（誰が、いつ、どこで、何を、なぜ、どのように）を意識したものにしましょう。

　発表の時点では、5W1Hのすべては決まっていない場合もありますが、その時点で出せる内容は惜しみなく出すようにしましょう。それにより、どのようなことをするのかイメージが伝わり、取り上げてもらう可能性は間違いなく上がります。

　また、背景の部分では、そのときの社会情勢やトレンドを踏まえた文脈を盛り込むと、メディアの共感を得て取り上げられやすくなると思います。

　さらに、官と民のどちらが、どのような順番で内容を分担するかといった発表全体の構成によっても、伝わりやすさや共感の得やすさが大きく変わってくるので、両者でしっかりと構成を練るようにしましょう。

▎メディアを積極的に誘致する

　発表に適したタイミングやメディアへのアプローチの手法などについては、ぜひ広報担当部署にアドバイスやサポートの相談をしてください。

　各自治体にいる、市政記者・民放記者には必ず会見に参加してもらえるよう、個別に声をかけることもおすすめです。新聞に掲載されたときの反響は非常に大きく、最近は紙面に掲載された記事がWEB記事になることもあり、それがまたSNSで拡散されます。

　さらに、コロナ禍の影響で急速に進んだオンライン活用により、首都圏を中心に集積しているWEBメディアがオンラインで会見に参加することも難しいことではなくなっています。オンライン取材への対応は機材の準備など大変な面もありますが、高いアクセス数を誇るWEBメディアに取り上げられると、SNSによる拡散と相まって認知度は格段に高まるため、その労力をかける価値は十分にあります。

そして、WEBメディアは、A社はテック系、B社はライフスタイル系、C社はビジネス系といった具合に、読者のターゲット層が明確化されており、それぞれ取り上げる記事の領域が異なる点が特徴です。

つまり、取り組む内容の領域によって、アプローチするWEBメディアも変えていく必要があるのです。

神戸市の場合は、「神戸市政情報メディア発信強化業務」として広報課がプロの事業者に運営委託しているため、取組み内容に応じて、誘致するメディアのリストアップや具体的なアプローチ活動を戦略的に行っています。

メディアの記者や担当者との信頼関係を築き、番組での紹介や記事として取り上げてもらうための活動を「メディアリレーション」といいます。このような業務を民間事業者に運営委託する自治体はまだまだ少ないと思いますが、自治体の先進的な取組みを広く発信するためには重要なことではないでしょうか。

もし、このようなメディアリレーション事業をしていない場合でも、地道なアプローチではありますが、発信したい内容の領域を踏まえて、刺さりそうなメディアをリストアップし、その各メディアの問い合わせページなどから「記者発表資料や記者会見のご案内」をすることは可能です。ぜひメディアの誘致にチャレンジしてみてください。インパクトあるいはストーリーのある取組みであれば、必ず反応してくれるはずです。

▍ 見出しをしっかり作り込む

記者発表資料や会見の案内状の見出しは非常に重要です。

以下の内容は、2021年3月まで神戸市広報課でPRプランナーとして勤務していた大橋秀平さんが、広報の基本的な考え方・コツについて普及啓発するために庁内掲示板に掲載していたものです。

> プレスリリースとは、報道機関に向けて情報提供をする資料のことを指します。報道機関はプレスリリースを元に、記事掲載やテレビ報道のための取材をします。

神戸市政記者クラブの記者が受け取るプレスリリースの数は、1日あたり10件以上、多い時には20件を上回ることも。なかなかすべてのリリースを最初から最後まで読むことはできません。

　そのような日々の中で、自分たちの取り組みを知ってもらう、また取材して報道してもらうために、見出しをしっかり作り込むことが必要です。

　皆さんも新聞やネットニュースで記事を読むときには、まず見出しに目が行くと思います。気になるニュースがあれば、当然しっかりと本文を読むことでしょう。ですがその反対に、自分の興味関心から遠い話題（見出しや写真）が出てくると、無意識に素通りしているはず。

　この感覚は記者にとっても同じです。面白そうだなと思ったタイトル（見出し）は本文まで目を通す一方、興味をそそられなければ、紙の場合はゴミ箱行き、メールの場合は未読スルーです。

　事例として、毎年恒例の〈若者に人気な大物経営者によるトークショー〉のリリースタイトルを参考に考えてみましょう。

悪い例：第12回経営者講演会の開催について
　・時点更新しかしていない
　・誰が登壇するのかわからない
　・誰向けのイベントなのかもわからない

良い例：20〜30代に人気の□□氏が登壇！
　　　　　神戸で起業を考えるトークショーを開催
　・タイトルだけでイベント全体を把握させる
　・□□氏がどのような人なのか、本文に誘導させる
　・（結果的に）現地取材や、□□氏へ会場でインタビューさせる動機付けになる

　いかがでしょうか。単なる時点更新だけでは、興味をもってもらえ

ない、ということです。

　悪い例にあるような時点修正しかしていない、見出しだけでは内容がわからないような記者発表資料などに心当たりがある人もたくさんいるのではないでしょうか。

　ここまで紹介してきた発表にあたってのメディアへのアプローチを、丁寧に工夫しながら行っていくことで、メディアは取組みの趣旨や内容をしっかり理解したうえでニュースにして、わかりやすく読者・視聴者に届けてくれます。

　そしてそれを見た人たちが、ホームページにアクセスしたり、問い合わせたりして、最終的にその取組みによるサービスなどを使います。

　ここまでが、先ほどご紹介した①メディアにニュース記事として取り上げてもらう、②それがSNSで拡散される、③ホームページ（記者発表資料や詳細ページ）にアクセスしてもらう、④具体的なアクションを起こしてもらう、という広報・PRの全体の流れになります。

フィードバックと改善を繰り返し、より良いサービスに育てる

進捗管理と効果検証

官民連携の取組みを発表し、メディアを通じてその趣旨や内容をターゲットに届けることでやっと提供するサービスを知ってもらうところまできました。

しかし、新規事業・サービスでは、最初から完璧なものをつくり上げることは至難の業です。第2章「01：官民連携マインド5か条を心得る」では、その1つとして、「スモールスタートでやり切る」ことについて述べました。繰り返しになりますが、あくまで仮説としてのスキームが機能するかどうかの実証事業を行い、その中で顕在化した課題点や効果の検証を経て、改善を行ったうえで本格的な事業化・サービス化につなげていきます。

そのために重要なことは、進捗管理と効果検証です。**事業がスタートしてから問題が発生していないか、実際に利用されているか**など、定期的にその情報が共有されるような体制を整えておきます。加えて、問題が発生した場合には、まずは行政側に問い合わせが寄せられることが多いため、状況を確認し、官民双方で対応すべきことを整理し対処できるようにしましょう。

エゴサーチをもとに検証・改善する

ユーザーが使ってみた感想などをSNSやブログなどで紹介していることもあるため、定期的にインターネットで「エゴサーチ」をすることも具体的なフィードバックを素早く得る手段として有効です。

　事業名や自治体名、連携企業名などを組み合わせて検索することで、関連するニュースやユーザーのコメントなどを見ることができます（もちろん話題・ニュースにある程度取り上げられないとSNSやブログでも紹介されないため、検索しても出てきません）。

　その際の注意点としては、良い評価や好意的なコメントがある一方、悪い評価や誤解されているコメントなどに出くわすこともあるため、その心づもりをしておく必要があります。SNSなどには事実に基づいたものでないコメントを含めて様々な情報が存在するため、真に受けすぎず、あくまで参考程度に捉えるようにしましょう。こうした点を踏まえたうえで、うまく活用すれば今後のヒントを得ることができるでしょう。

　具体的な問題への対処については、技術的なエラーであれば、プラットフォーム等を提供する民間事業者へ問い合わせがあった内容を共有し、できるだけ速やかに対応をお願いしましょう。他にも、サービスの中身や手続きが複雑な場合にはどうしても問い合わせが多くなります。具体的にどの点がわかりにくいのか、誤解が生じやすいのかを問い合わせがあった際に聞き取り、蓄積しておきます。

　複数の人が同様の問い合わせをしている部分については、課題点として事業を紹介するWEBサイトの記載内容をよりわかりやすく工夫できないかを検討し、それだけで解決できないものについては手続きやスキームの中身自体を検討する必要があります。

　ユーザーへのアンケートなども含め、こうした検証・改善を官民の両者で定期的に実施・対応することで、実証事業のブラッシュアップを繰り返し、本格的な事業化へつなげていきましょう。

　新規事業は、スタート前につくり込みすぎると、時間がかかるだけでなく、結果的にムダな機能まで付加してしまうことがあります。**まずは課題・目的に合う最低限のスキームでスモールスタートし、素早くユーザーのフィードバックを得ながら改善を行っていく**ことで、ムダな機能をつくることを防ぎながら最適解に向けて取り組むことができるのです。

おわりに

　最後までお読みいただき、ありがとうございます。

　本書によって、「はじめに」で挙げた皆さんの「官民連携あるある」の解消に少しでもつながれば、何よりです。

　本書は、「行政が官民連携を課題解決・イノベーションのための1つの手段としてより一層うまく取り入れることで、多様なプレイヤーが参画・活躍することができる地域・社会になっていくのではないか」と考え、その一助になればと執筆したものです。

　私は、地域の課題を知ることができ、信頼もある公務員こそ、組織や立場を越えて、様々な人を巻き込みながら新たな価値を生み出す「仕掛け人」として最適なポジションではないかと思っています。

　市民に対して新しい価値・サービスを提供することに挑戦でき、そのアウトプットに対するフィードバックもダイナミックに受け取ることができる公務員という仕事は、実に魅力的です。うまくいかないこともありますが、それも含めて自身の成長にもつながります。

　もちろん、公務員には数えきれないほど多岐にわたる仕事・キャリアがあり、ときにはなかなか思うようにやりたいことが実現できないこともあるでしょう。しかし、そこで得た経験やネットワークが、後々思わぬ形で掛け合わさることで、次のチャレンジのヒント・糸口につながることがあります。私自身、それを体験してきました。今与えられている役割やミッションを妥協せずに取り組むことで、そのような巡り合わせになるのかもしれません。

　本書を手に取って、共感した部分があれば、まずは小さな実践から、官民連携を1つの課題解決・新たな価値創造の手段として活用いただければ幸いです。

　私も、公務員として、そして自分の存在意義として、その時々のポジ

ションで、ニーズに合った「求められる」官民連携を続けていきたいと思います。

　最後になりますが、本書で紹介した官民連携事例の実現に向けて共に汗を流してくださった連携パートナー企業の皆さん、私の提案や相談に対して親身になって対応してくださった神戸市の関連部署の皆さん、いつも私のアイデアやアクションを後押ししてくださる上司・同僚の皆さんに心から感謝します。

　そして、日頃からお付き合いさせていただいている皆さん、また面白いアイデアを思いついたら提案・相談させていただくかと思いますので、その際はどうぞよろしくお願いいたします。

　2022年6月

長井　伸晃

●著者紹介

長井 伸晃（ながい のぶあき）

神戸市経済観光局経済政策課担当係長（都市型創造産業担当）
関西学院大学卒業後、2007年神戸市入庁。長田区保護課、行財政局給与課、企画調整局 ICT 創造担当係長、同局つなぐ課特命係長を経て現職。これまでに Facebook Japan や Uber Eats、ヤフー、マクアケなど、17社との事業連携を企画・運営。現職では、地域産業の付加価値向上やイノベーション創出に向けた事業を展開。
全国の公務員がナレッジを共有するオンラインプラットフォーム「オンライン市役所」の運営に携わるほか、デジタル庁シェアリングエコノミー伝道師、神戸大学 産官学連携本部 非常勤講師、NPO 法人 Unknown Kobe 理事長、NPO 法人茅葺座理事なども務める。「地方公務員が本当にすごい！と思う地方公務員アワード2019」受賞。

自治体×民間のコラボで解決！
公務員のはじめての官民連携

2022年 7 月28日　初版発行

著　者	長井 伸晃	なが い　のぶあき
発行者	佐久間重嘉	
発行所	学 陽 書 房	

〒102-0072　東京都千代田区飯田橋1-9-3
営業部／電話　03-3261-1111　FAX　03-5211-3300
編集部／電話　03-3261-1112
http://www.gakuyo.co.jp/

ブックデザイン／吉田香織　DTP 製作・印刷／精文堂印刷
製本／東京美術紙工